*Dedico questo libro
a delle donne instancabili di cui sono
pienamente innamorato*

*a Mia sorella
Veronica*

*a Mia madre
Alessandra*

introduzione

La scelta di iniziare a scrivere questo libro è stata scaturita da tutto il tempo che ho dedicato alla navigazione on line, senza contare il periodo che ho impiegato nella lettura di ebook e da libri dedicati al web e sulla tecnologia in generale.
La mia esperienza on line è molto simile a quella di altre persone che riescono a gestire il loro lavoro stando davanti al pc, ordinando alla propria "macchina" di eseguire ordini per il proprio "padrone" e a condividere informazioni con tutto il globo.
Grazie ad una grande invenzione chiamata internet,è nata l'era dell'informazione,dove ogni persona può pubblicare qualcosa virtualmente, facendo espandere le proprie conoscenze su di esso, in modo che milioni di persone possano apprendere, tecniche, metodi, esperienze e molto altro ancora.

Grazie all'avvento di internet è possibile incrementare il proprio livello di popolarità in poco tempo, di esempi ce ne sono a migliaia, di mezzi che sono sfruttati per tale scopo non sono da meno; facebook, youtube, ebay, google, sono tutti i mezzi che hanno permesso a persone comuni di traformare le loro capacità, in informazioni da divulgare viralmente.
Il web è il trampolino di lancio per diffondere il nostro sapere, sfruttandolo, si può creare da esso un portale dove condividere con milioni di persone le proprie esperienze, condividere le proprie idee e vendere i propri prodotti.
Se pensi che il web sia solamente un mezzo per passare del tempo, o semplicemente un mezzo per informarti, posso assicurarti che non sei a conoscenza delle sue vere potenzialità e utilizzando il web in questo modo ne stai solamente sfruttando 1/10.
Ti dico questo, perché il web è molto di più che un enciclopedia, oppure uno scambio di messaggi tra amici,

questo strumento è anche utilizzato per scopi lavorativi/professionali.

Devi sapere, che milioni di persone sono sedute davanti al pc comodamente da casa lavorando e guadagnando, sfruttando unicamente il web.

Blog, siti, video e strumenti virali possono essere le nuove forme di lavoro che stanno spopolando su intenet in maniera precoce e frenetica; le prove sono dichiarate dal web stesso, perché se ancora non te ne sei accorto, internet è molto ricco e non solo d'informazioni, le sue fonti inesauribili ho cercato di spiegarle al meglio con la pubblicazione di questo libro, per fare in modo che anche tu, apprenda quanto io ho imparato in molti anni di navigazione e informazione.

Ti auguro una Buona lettura e un buon lavoro.
Stefano Pacilli

Premessa

La scelta del titolo fu un pensamento molto intenso, anche se cela qualcosa di illecito posso affermare che non è cosi.
A volte vengo contattato su chat o per strada, da persone che credono che io sia un hacker o qualcosa di simile.
Posso assicurare che non sono nulla di tutto ciò e sono ben convinto che tutto questo, sia fuori dalle mie aspettative e anche dalla mia portata.
Non ho mai studiato programmazione, non sono un genio del pc e tanto meno non ho conti in svizzera da milioni di euro.
La mia specializzazione è studiare e provare i mezzi/ strumenti che internet cede a chiunque e utilizzarli in cambio di compensi sia monetari che non.
Non utilizzo metodi al di fuori della legge, ma metodi legali per *creare* lavoro on line.
Crearsi un lavoro on line non è affatto facile o precoce, prima che si ottengono risultati occorre venire a conoscenza di ottime informazioni, bisogna sapere a chi rivolgersi, quali errori non commettere, quali sono i portali affidabili, quali sono i tipi di guadagni legali e non; come non incombere in truffe e come stilare un piano per un corretto lavoro; tutto questo, si deve prima "piantare" dopodiché "coltivare" ed in fine "raccogliere".

Money hacker è stato scritto elencando diversi metodi di lavoro on line , cità alcuni siti che hanno reso famosi persone comuni come me e te, annuncia diversi tipi di lavoro svolgibili sul web e spiega i nuovi metodi che sono nati e si stanno diffondendo a macchia d'olio su tutto il globo.

Capitolo 1

condivisione globale

Con l'era di internet si sta scaturendo in noi una voglia matta di condividere qualsiasi cosa, una riflessione, uno stato d'animo, persino una delusione o sconfitta.
Da oggi su internet non si condividono solamente file che possano tornaci utili per i nostri studi, per il nostro svago, o per la nostra curiosità, sono sempre di più coloro che sentono il bisogno di condividere con tutto il mondo i propri stati d'animo; traguardi, successi, insuccessi, delusioni e anche truffe, causate dal mondo sia on line che off line.
La comodità di premere un click e avere il nostro operato di qualsiasi campo on line, sta diventando estremamente comodo da far aumentare il tasso di produttività ad ogni singola professione e fama per ogni singolo individuo.

Può darsi che dalla lettura di queste semplici righe, anche tu ti sei inoltrato nella persona che ho descritto precedentemente, perché di sicuro anche tu hai un iscrizione ad un social network e anche se cosi non fosse, hai percepito immediatamente che mi riferivo a grandi mezzi di comunicazione ad esempio facebook ,youtube o ebay.
Dall'avvento di questi nuovi "giganti" della comunicazione che si sono infilati nella rete internet e non ne sono più usciti, stanno accumulando, di giorno in giorno sempre più informazioni, e stanno migliorando doti comunicative e commerciali per chi ne vuole sfruttare l'utilità.
Dall'avvento di facebook (intenet in generale) il mondo si è diviso in due categorie di persone; le persone che vogliono condividere e le persone che non vogliono condividere.
La gente che appartiene al secondo gruppo sono persone riservate, che non vogliono far sapere nulla di loro e che non

amano mettersi in mostra; sono le persone che non credono alla condivisione di informazioni e dire che sia giusto o sbagliato non spetta a me, ma comunque, io come persona non rientro in questa categoria (spero che anche tu non ci rientri).
La prima categoria di persone sono interessate all'informazione che altre persone sono disposte a cedergli e amano condividere le medesime, attraverso diversi mezzi on line.
Facebook, è un mezzo che permette ad ogni persona di far diffondere informazioni personali o no ad un vasto pubblico, le persone che vogliono mettersi in mostra, farsi notare, oppure cercare qualcosa su altre persone, sono iscritte su di esso e condividono sempre di più.

Utilizzare facebook è alla portata di tutti e sempre più persone "aperte"ne usufruiscono per il suo traffico (in continua espansione) per divulgare le loro informazioni viralmente e gratuitamente, tutto questo ad un prezzo incredibilmente nullo.
Andando avanti nella lettura, verrà spiegato come molti utenti sfruttino facebook per agevolare i metodi descritti in precedenza, e anche come, con un piccolo compenso monetario, possano raggiungere una enorme visibilità e persino non cedendo alcun soldo, riescano ad ottenere un risultato comunque proficuo.

Per farti percepire la forza di facebook a livello della propria notorietà, voglio spiegarti come un signolo individuo possa arrivare al centro dell'attenzione con pochi click e con poco lavoro.

Partiamo con una persona fisica, che vorrebbe raggiungere più popolarità utilizzando facebook; di casi come questi, ce ne sono a migliaia sul social network numero uno al mondo e i più critici credono addirittura che molte persone, percorrano la loro vita reale, unicamente per soddisfare uno scopo, che sarebbe quello di raggiungere più popolarità possibile.

La popolarità di ogni singolo individuo aumenta drasticamente in diverse occasioni, a volte scrivendo post molto interessanti, altre volte condividendo video famosi e in un unico giorno dell'anno lo stesso individuo raggiunge il suo livello di fama massimale, ovvero il suo giorno di compleanno.

Nel scrivere post sul social network, di solito viene più ben notato dal sito l'articolo con un maggior *numero di parole*.
Questo è un piccolo trucchetto che a volte potrebbe funzionare,
ma per far si che le cose che si scrivono vengano notate da molti e raggiungano un pubblico ampio, possiamo scegliere il *metodo sicuro* e sarebbe, *finanziare facebook* in modo che esso ci faccia rimanere *in prima fila su tutti gli articoli pubblicati in bacheca*.

Personalmente, ho sfruttato un modo a pagamento concessomi dal social network, il momento in cui presi questa decisione fu in un arco di tempo estremamente importante, infatti, stavo per candidarmi come consigliere nella mia provincia e cosi decisi di sfruttare facebook per incrementare la mia visibilità, scattai una foto al mio biglietto elettorale e la pubblicai sul social network, a pochi giorni dalle elezioni.
Credendo che la visibilità non fosse soddisfacente, pagai facebook per fare in modo che la mia foto fosse visualizzata ad un pubblico ampio e rimase sempre in alto prima di tutti gli altri post in bacheca .

Questa immagine è stata ricavata da facebook e come puoi notare, al di sotto di essa, ci sono diversi link con comandi diversi per dire che *piace*, si può anche *commentare*, non seguire più il proprio post, promuovere oppure condividere.

Per far risultare il nostro post sempre in prima posizione, per un alto periodo di tempo occorre cliccare su "promuovi".
Di conseguenza si aprirà un ulteriore finestra dove poter scegliere il pagamento da effettuare e in che modo proseguire.

Questo metodo a pagamento è molto efficace, se lo scopo è raggiungere un buon *grado di visibilità*.

Si può pagare in diversi modi o con il conto corrente paypal (più avanti vedremo in dettglio che cos'è) o con la propria carta di credito; una volta fatto, facebook penserà a tenere la tua foto o articolo in "bella vista".

Quando vennero le elezioni nel mio piccolo paese, erano presenti quattro liste con diversi candidati e alcuni con un esprienza politica notevole.
Quando venne il giorno dei voti, io non uscì come consigliere, ma ero il candidato con più voti nella mia lista.
Il merito di molti miei voti, fu scaturito dalla fiducia dei miei amici e parenti, ma a volte mi domando se avessi raggiunto un tale risultato se non avessi utilizzato facebook.
A volte mi domando, è merito del social network più popolare del mondo?
Infondo, altri candidati avevano anch'essi amici e parenti ma i loro risultati non furono cosi ecclatanti, perché?

Non saprei dire, ma comunque molte persone sono venute a conoscenza della mia candidatura e si sono congratulate con me per l'atto compiuto, in fin dei conti, posso dire che è stata sempre un ottima mossa sponsorizzarmi su facebook, grazie ad esso, ho raggiunto una buona popolarità.

Ampliando il tema e divulgandoci su uteriori argomenti, voglio spiegare come molte organizzazioni a scopi informativi si stanno espandendo grazie all'utilizzo di questo social network.
Il pagamento per far visualizzare ad un amplio pubblico i nostri articoli è solo un metodo di quelli concessi da facebook, ora, più avanti ne elencherò qualcun'altro.

Partiamo con la creazione di una pagina facebook

Un metodo noto e sempre più utilizzato, è la creazione di una

pagina facebook dove poter pubblicare al suo interno contenuti multimediali e far si che vengano letti da più persone possibili.
Una pagina su facebook è da considerare come se fosse un piccolo sito, in cui è possibile inserirgli al suo interno foto, video e altri contenuti multimediali, provenienti da un altra fonte e dalle tematiche che l'amministratore preferisce.
Esistono pagine facebook dedicate ad ogni argomento.
Intrattenimento, svago, cultura, e sport sono solo alcuni argomenti che oramai spopolano all'interno del social network più popolare al mondo.
Per creare una pagina su facebook basta compiere alcune fasi, in un arco di tempo notevole è possibile creare un punto informativo dove attraverso di esso si possono divulgare tantissime notizie.
Con la creazione di una pagina facebook si può raggiungere in un tempo stimato una mole di visitatori considerevole, cosa ben differente per quanto riguarda un blog, forum o sito internet.
Come già detto in precedenza, la scelta per aprire una pagina è "imbarazzante" in quanto le tematiche sono tante e le informazioni da condividere non da meno; molti utenti stanno affrontando questa tematica scegliendo di agire aprendo una pagina e ingrandirla con diverse informazioni.
Ma è anche vero che la "concorrenza" d'informazione sta lievitando cosi precocemente, che la propria pagina potrebbe scarseggiare di visitatori a causa di una diffusione d'informazioni simili.
Ti consiglio vivamente, che se nel caso volessi aprire una qualsiasi pagina facebook, di fare in modo che pianifichi lo stato della concorrenza, in questo modo, potrai accumulare più utenti disposti a seguirti in base ai tuoi argomenti.

Io ho combattuto la concorrenza in questo modo.

Poco tempo fa, guardando facebook pagina per pagina, mi accorsi che mancavano informazioni su argomenti che tratto quotidianamente, la pagina mancante sul social network era inerente a console e videogiochi (no che non esistessero, ma effettivamente queste informazioni scarseggiano).
Stando nel campo dei videogames, decisi di condividere con i miei amici e altre persone le informazioni che conoscevo di persona, oltre a tutte le informazioni gratuite che la mia pagina aveva da offrire, potevo anche far divertire i medesimi visitatori offrendogli indirizzi che li avrebbero "catapultati" al di fuori del social network, per giocare a qualche videogioco gratuito, oppure per ampliare un'informazione già citata su di un post tramite un sito internet specializzato.

Anche se questo ramo aveva una leggera concorrenza, decisi di divulgare le mie informazioni su molte tematiche e cercai di trovare notizie sui videogiochi particolari per creare un attrazione più intensa verso la mia pagina.
Per far si che la mia pagina venne seguita, dedicai del tempo a studiare che cosa sarebbe interessato ai miei visitatori e cosi dedussi le mie conclusioni, dopo un piccolo studio avevo deciso di pubblicare i seguenti contenuti:

video e trailer di videogiochi non ancora usciti

Condividendo video di questo genere, molte persone lo visualizzavano per venire a conoscenza dei videogiochi che sarebbero usciti in futuro, trovavano queste informazioni utili per i loro acquisti e cosi, venendo a conoscenza della pubblicazione di questo materiale sulla mia pagina, le visite aumentavano di volta in volta.

Articoli in promozione

All'interno della mia pagina, inserivo i miei articoli in promozione direttamente da ebay, (possiedo un attività legata a ebay dopo vedremo insieme meglio i dettagli) copiavo l'url dei miei oggetti su ebay e incollavo il tutto sulla mia pagina facebook, in questo modo avevo più probabilità che l'oggetto venisse visto da più persone possibile e di conseguenza venduto più rapidamente.

Altri dati informativi per rendere la pagina interessante

Postavo in continuazione dati di diversi tipi: foto, testi, articoli in vendita, e altro ancora per rendere la pagina più interessante possibile; arrichisco di continuo la mia pagina facebook mantenendola semplicemente completa d'informazione.

La struttura della mia pagina facebook è molto elementare, avevo notizie condivise tramite post che io stesso pubblicavo, ogni visitatore poteva "frugare" al suo interno e scegliere quale notizia approfondire e in questo modo rimanere continuamente aggiornato.
Ma devi anche sapere che è possibile *monetizzare* una qualsiasi pagina facebook, le strategie che ho testato le riporterò di seguito con una spiegazione più dettagliata.
Per farti assimilare bene l'idea del funzionamento della mia pagina, eccone una foto che la ritrae in modo da farti concepire bene la sua struttura.

Decisi di inserire il logo che ritrae il mio negozio ebay come immagine di profilo, mentre per quanto riguardava l'immagine di copertina, ho inserito una foto che normalmente utilizzo nel mio *store di ebay*.

Oltre a inserire foto, video, descrivere note e via dicendo, un altro passo importante per non dire essenziale, è l'utilizzo di un software per creare una vetrina virtuale dove poter inserire in un modesto catalogo *tutti i nostri prodotti da vendere*.

Quando decisi di avviare la mia pagina, non scelsi di intraprendere questa iniziativa unicamente per divulgare informazioni, quando mi informai di facebook e di tutti i suoi strumenti "producenti", decisi di inserire al suo interno "un ulteriore portale" dove le persone interessate ai miei argomenti fossero anche interessate a comprare oggetti che rappresentassero gli stessi.
Ora non voglio farti incombere in qualche incomprensione, ma quello che ti voglio svelare successivamente è come *vendere su facebook* utilizzando una pagina e il procedimento è molto semplice.
Per poter trasformare facebook, o meglio una pagina in un

"portale di vendita" basta eseguire piccoli procedimenti.

Prima che ti sveli questa tecnica ,devi sapere che questo sistema non è comune, queste informazioni vengono messe in atto solamente da alcuni imprenditori e ora voglio condividerle con te per far si che anche tu possa detrarre da esse buoni risultati.
Molte persone che vogliono far aumentare le loro vendite,si aggrappano a facebook nella speranza di sponsorizzare la propria attività in una forma del tutto gratuita e con qualche foto, una piccola nota e informazioni derivanti dalla propria attività, riescono a sponsorizzarsi in modo free anche se a mio parere ,non stanno sfruttando facebook al 100%.

Quando vedo attività su facebook sponsorizzate in questo modo, con qualche foto e qualche post, lo trovo si un buon metodo per sponsorizzarsi ma trovo anche che
in questo modo, se si raggiunge un buon quantitativo di traffico, a mio parere non sarà enormemente proficuo, il motivo, è che se un visitatore entra nella nostra pagina facebook dovrebbe acquistare immediatamente e non ricercare unicamente informazioni sui nostri prodotti.

Per rendere facebook proficuo per la nostra attività, bisogna strutturarlo in modo che il nostro visitatore, da tale, si trasformi in un cliente vero e proprio e che comperi qualcosa *all'istante*, tutto questo, deve accadere all'interno di facebook

Si hai capito bene, da semplice utente/visitatore ad un cliente disposto ad acquistare.

Per far si che questo accada, occorre far capire al visitatore di

che cosa ci occupiamo e in fine, fargli acquistare *immediatamente* un nostro articolo, senza che lui non lasci la sua postazione da davanti al pc e che con qualche click può acquistare e ricevere la sua merce presso il proprio domicilio.
In pratica, un visitatore può visitare la nostra pagina, vedere che cosa vendiamo, può scegliere il prodotto in completa autonomia, pagare con il metodo che preferisce e attendere che il suo prodotto arrivi a casa entro il tempo prestabilito.

Tutto questo è possibile?
Trasformare la nostra pagina in un e-commerce e concludere una vendita al suo interno è fattibile da chiunque?

La procedura che ho elencato è la stessa che utilizzano tanti siti di e-commerce che si occupano di vendere telematicamente un determinato prodotto fisico ai loro visitatori.
Per strutturare al meglio una pagina in questo modo, occorrerebbe essere a conoscenza di diversi strumenti di programmazione, ma chi non è in grado di affrontare una simile impresa, può godere dei medesimi vantaggi affidandosi ad un servizio sul web?

Nella pagina di power free games ci siamo affidati ad un servizio completo, comodo e pratico.
Puoi utilizzare questo servizio anche tu dirigendoti al seguente indirizzo:

www.ecwid.com

Questo programma *inizialmente gratuito*, offre ai suoi utenti la possibilità di trasformare con una semplice applicazione la propria pagina facebook in un vero e proprio sito di e-commerce.

È possibile all'interno del sito strutturare il proprio negozio virtuale, che successivamente andrà inserirto nella nostra pagina facebook.
Possiamo abbellirlo con foto scelte da noi, con nostre descrizioni, metodi di pagamento che preferiamo e tutte le altre nozioni necessarie per strutturare un vero e-commerce.

All'interno del sito ecwid è possibile allestire al meglio il nostro e-commerce e con pochi click proiettare il nostro operato all'interno della nostra pagina facebook.

Se fai caso all'immagine precedente che ritrae la mia pagina c'è in basso un piccolo quadratino blu con una scritta in bianco "shop", quel pulsante rappresenta il mio punto vendita su facebook e se il pulsante viene cliccato, reindirizza l'utente in un ulteriore pagina dove può accedere ad un vasto catalogo e da lì, può acquistare i prodotti che io stesso ho listato e pubblicato.

Ogni utente può cliccare su un determinato oggetto, acquistare scegliendo il pagamento che preferisce e attendere di ricevere il proprio articolo senza che si muova da davanti al pc .
La potenza di questo sistema è immenso, con pochi passi possiamo avviare un attività su un social network formato da milioni di persone, le quali, visiteranno il nostro shop e molti di loro potranno acquistare qualcosa, inoltre, puoi anche mettere tutto in vendita e rilassarti, non sono necessarie pressanti manutenzioni e il sito lavorerà per noi sette giorni su sette, ventiquattro ore su ventiquattro.
Questo strumento è davvero potente e non solo dal punto di vista economico, saperlo sfruttare al meglio, può dare molte soddisfazioni.
Ora ti ho descritto uno dei metodi meravigliosi che si possono apprendere sul web, continuando a leggere noterai che ci sono

altre strategie; non ti rimane che metterti comodo e iniziare ad imparare come molte persone lavorano da davanti un pc.

capitolo 2

Nuove monete virtuali nuovi sistemi di lavoro

Il denaro che vediamo in giro, per le strade, nelle banche e in altri luoghi, è solamente una piccola percentuale di denaro che esiste in questo mondo.
Ho notato, dopo anni di navigazione nel web, che grandi fonti, per non dire miniere di soldi, sono proprio sul world wide web e sono sempre di più le persone che se ne procurano proprio tramite di esso.
Il denaro che esiste nel mondo virtuale è tantissimo, ed è procurabile in diversi modi e ricordati che un singolo individuo possedendo un ottimo conto on line, con il suo denaro virtuale, debba essere necessariamente un esperto informatico.

Lavorare, non è più una constatazione del mondo reale, molte persone lavorano on line e guadagnano on line.

La realtà, è che molti soldi stanno per essere trasferiti on line anche per il metodo che ti ho descritto nel capitolo 1; molte aziende stanno trasferendo il loro operato, il loro prodotti on line, per far si che raggiungano una mole di acquirenti elevata, facendo questo, trasferiscono a loro volta parte del loro capitale .

Per apprendere al meglio le basi dei vari guadagni on line, devi innanzitutto capire come guadagnare, ma anche come accumulare questo denaro, chi può contenerlo e come trasferirlo.
Nella modalità off line, chi si preoccupa di svolgere tutti questi compiti sono le banche e diversi istituti di credito.
Una banca on line che si occupa di tutte le transazioni e che

cresce di giorno in giorno è sicuramente paypal al sito www.paypal.it

Puoi registrarti gratuitamente su paypal in pochissimi minuti e una volta che avra eseguito l'accesso, potrai inviare pagamenti per comperare beni e servizi, o se hai una tua attività on line, grazie a questo nuovo sistema bancario virtuale, potrai ricevere pagamenti da un altro utente che ha acquistato un tuo prodotto o servizio.

Sono anni ormai che bazzico sul web arrangiandomi e cercando di guadagnare qui e la in un modo o nell'altro, continuo tutt'ora a sperimentare nuovi metodi, anche non completamente virtuali.
In molti casi, frequento siti di aste on line o siti di vendita, proprio per vendere i miei beni e servizi.
Mi informo di continuo navigando all'interno di siti internet, blog, forum e quando scopro un nuovo metodo di business vedo in continuazione il logo di *paypal* presente ormai in tutti i siti di e-commece o marktplace esistenti, senza contare, che anche i siti di svago in generale offrono quasi tutti paypal per ricevere su di esso i pagamenti.
Ti suggerisco di registrarti su paypal nel caso non l'avessi fatto, è un sistema che può tornarti utile per i tuoi acquisti on line ed è divenuto ormai essenziale per poter guadagnare.

Questo sistema di "deposito fondi" sta spopolando sul web e sempre più persone ne fanno uso per comprare, per ricevere pagamenti e per completare tutte le transazioni monetarie.

Persino i blogger o siti internet puramente informativi si affidano a paypal per ricevere pagamenti offerti dai propri lettori; in molti blog infatti si può notare come hanno inserito al loro interno un piccolo banner con su scritto "fai una donazione al blog" oppure c'è chi ha inserito un banner ironico con su scritto "offrimi un caffè".

Cliccando su questi banner verremo reindirizzati nella pagina di pagamento di paypal, nella quale è possibile scegliere l'importo da donare e sempre da li, possiamo inviare il pagamento al beneficiario (titolare del blog) in pochissimo tempo.

Sembra assurdo che esistano modi del genere per richiedere denaro, ma posso assicurare che molti blogger utilizzano sistemi come questo già da diverso tempo ormai.

Le transazioni su paypal (ricezione e pagamento del denaro) è molto più lesta a differenza di un bonifico , un vaglia postale oppure una ricarica su carta prepagata.

Possedere paypal è molto comodo e conveniente, si sta notando che sul web per effettuare acquisti e sopratutto per vendere, questa "banca virtuale" sta per divenire un ottimo strumento, comodo e affidabile.
Sempre più persone si iscrivono su paypal perché, come hai potuto vedere, è molto *comodo,* il suo funzionamento è palese e qualsiasi persona può utilizzarlo senza incombere in grosse complicazioni; ad esempio, se notiamo un paio di scarpe su di un sito e-commerce,oppure su ebay , basta acquistare quel determinato oggetto e pagare con paypal, arriverà il tutto a casa nostra, senza effettuare alcun altra operazione.

Altro fattore importante è che, se volessimo vendere noi qualcosa ad esempio su ebay, paypal ci risulterà necessario perché sempre più utenti si affidano ad esso per eseguire pagamenti e se non accettassimo come metodo di pagamento paypal, limiteremo il traffico di utenti verso le nostre vendite.
E un ultimo fattore ma non meno importante è che paypal è completamente gratuito per inviare denaro ,mentre richiede una piccola tariffa per ricevere, ma non richiede nessun canone mensile, questo conto bancario on line è molto pratico sotto tanti aspetti.
Allora, prima d'iniziare a lavorare on line devi iscriverti su paypal,(se non ancora lo avessi fatto) puoi completare la procedura in maniera del tutto autonoma sul sito.

Www.paypal.it

Paypal è di vitale importanza per chi abbia intenzione di avviare un e-commerce o un qualsiasi altro tipo di vendita on line, sono sempre di più le persone che si registrano al suo interno grazie anche al loro sistema di sicurezza avanzato e la

facilità con cui si possono eseguire tutte le transazioni.
Aprendo un conto su paypal avrai a disposizione tutti gli strumenti necessari per avviare il tuo lavoro on line, puoi vedere il saldo del tuo conto, (come ti dicevo prima) puoi richiedere pagamenti, utilizzare dei strumenti concessi dal sito per costruire banner in html e molto altro ancora, tutto questo ad un prezzo più che raggionevole e in completa sicurezza.

Ok ora che ti ho spiegato un sistema bancario virtuale, voglio descriverti un altra forma virtuale che sta "girando" sul web da diverso tempo, solo che in questo caso non è una banca ma bensi una *moneta*.

Il nuovo sistema monetario virtuale dal nome di *bitcoin*.

Questa moneta totalmente virtuale si sta divulgando sul web e più il tempo passa più aziende ricevono pagamenti mediante *questa moneta*.

Su internet ci sono migliaia di siti in grado di far accumulare bitcoint grazie ad un metodo di pubblicità, in molti casi, si possono guadagnare monete virtuali visualizzando sponsor , di diversi prodotti .

Quanto è importante questa moneta al giorno d'oggi?

Capità, non di frequente, ma è successo durante alcune mie navigazioni, che delle persone hanno messo in vendita i loro oggetti su siti internet ad esempio ebay e hanno richiesto esplicitamente il pagamento in *bitcoint*, quindi, questa moneta del *tutto virtuale* probabilmente potrebbe andare ad occupare un ruolo *importante* nell'economia e sembra che molte persone la stanno accumulando per impiegarla in diversi settori, oltre che alla compera di beni fisici.

Personalmente ho raggruppato anch'io diversi bitcoin, ancora devo far pratica con questo nuovo sistema, ma posso dire che è divertente e del tutto innovativo, più avanti ti riferirò qualche trucchetto che potrebbe aiutarti ad accumulare i tuoi bitcoin istantaneamente.

Ora, oltre a scoprire banche virtuali e monete virtuali, voglio descriverti un mezzo che potrà farti cambiare vita da *reale a virtuale* ok forse sto esagerando ma questo ti incuriosire di certo.

Una vita del tutto virtuale esiste?

Grazie alla mia voglia immensa di navigare sul web (se ancora non te ne fossi accorto), un giorno ben distante da oggi, mi sono imbattuto in un "gioco" dal nome di *second life*.
Posso dire che girovagando al suo interno, tutto si può dire, tranne che l'ambiente assomigli unicamente ad un videogioco; second life è ben altro che un videogioco.
Questo mondo è stato riprodotto su una piattaforma virtuale imitando la realtà, facendola sembrare fantascientifica sotto molti punti di vista, ma molto reale e seria verso tanti altri aspetti.

Per "giocare" su second life occorre registrarsi e scaricare il software second life direttamente dal sito

www.secondlife.com

La registrazione al sito è gratuita e una volta completata, seguendo le indicazioni potrai creare il tuo *avatar* e girovagare per tutto il mondo di second life.

Per esplorare continenti o ballare, partecipare a diversi giochi e curiosare attraverso questo secondo mondo virtuale non occorre tirare fuori alcun soldo, il gioco, per giocarci ed esplorare è completamente gratuito, ma il fatto è che in second life non esiste unicamente il gioco ma è possibile effettuare azioni come nel mondo reale, le quali, potrebbero essere come: lavorare, investire , guadagnare, spendere, comperare e via dicendo; sono le stesse azioni che una persona comune può affrontare in una normale vita reale.

Anche se questo mondo è molto simile a quello reale ci sono delle differenze finanziarie.

Per comperare beni o usufruire di servizi, su second life la moneta reale non è accettata, le monete di scambio utilizzate su second life sono i *linden dollar*, un altra forma di pagamento *totalmente virtuale* che si occupa di comperare beni e servizi anche essi totalmente virtuali.

Potrebbe funzionare un mondo senza moneta?

Credo di No ;ecco perché second life ha pensato di integrarne una nel suo sistema, in modo che tutti gli utenti che vivono la loro seconda vita in questo mondo virtuale possano spendere come nella realtà.

Ma come accade molte volte nelle realtà, i nostri fondi non potrebbero bastare e cosi, ci si reca nel primo sportello di prelievo per rifornirsi di contanti e lo stesso, vale in second life.

Devi sapere che molte persone rimanendo a corto di denaro o meglio linden dollar, si muovono alla ricerca di nuove fonti che potrebbero essere, o un lavoro all'interno di second life, o un colpo di fortuna, oppure ricaricando i loro linden dollar con la loro *carta di credito*.

Si hai capito bene

Molti utenti regolarmente iscritti su second life si riforniscono di linden dollar convertendo i loro soldi reali in questa moneta, in questo modo si può continuare a spendere sul mondo virtuale e continuare a giocare a più non posso.

Fin'ora ho voluto elencare alcuni sistemi che generano soldi, ho descritto quello che so su queste "banche virtuali" in grado di contenere denaro ma anche in grado di distribuirlo.
Purtroppo non esistono metodi facili e veloci per ricavare denaro da tutto ciò, ma con il giusto impegno è possibile accaparrarsi di questo denaro e nel capitolo successivo elenco alcuni metodi che possano farti guadagnare.

Capitolo 3

Come si guadagna denaro virtuale?

Esistono in rete ormai migliaia di mezzi per poter guadagnare denaro virtuale, i metodi, le strategie e tutti i lavori "virtuali" ormai inventati da anni possono essere appresi in video, e-book e molto altro ancora, molte volte in maniera del tutto gratuita in sistema non profit.

Il modo per trarre profitto dalla rete di solito non richiede requisiti particolari, infatti molti milionari divenuti tali grazie al "web" non possiedono grandi titoli di studio e la cosa potrà sbalordire, ma molti di loro non hanno investito ingenti somme di denaro.
Un requisito che ho potuto constatare dopo anni di navigazione on line è che il web ripaga con il tempo e il lavoro, ma sopratutto se si decide di investire nelle proprie abilità, l'elemento chiave che ritengo vitale per un lavoro on line è la **perseveranza**.

In molti casi, ho potuto visualizzare come molti aspiranti imprenditori on line hanno gettato la spugna davanti a possibili guadagni, le cause, sono state dovute alle tempistiche elevate, infatti, in alcuni casi i tempi sono molto estesi e spesso non si hanno risultati immediati.
In altri casi, ho notato che la voglia di lavorare on line (scrivere, vendere, programmare) non è costante, dopo un periodo di breve lavoro, se non si ottengono i risultati sperati, molti abbandonano dedicandosi ad altro.

Sotto un idea come questa, (di abbandonare un impresa per il profitto iniziale non soddisfacente) trovo il tutto sciocco e surreale, in quanto, qualsiasi imprenditore o lavoratore

autonomo che esiste, non si confiderà mai con qualcuno dicendo di aver guadagnato molto dall'oggi al domani, eccetto in particolari casi, ma quest'ultimi sono più unici che rari.
Hanno concluso uno studio che per far "decollare" un impresa occorrono minimo sei anni e questo vale off line e anche on line anche se i tempi su internet sono più veloci.

Quindi l'unico problema, se cosi si può citare per quanto riguarda il web, sono le tempistiche a volte molto lunghe non immediatamente profittevoli e la mancanza di costanza durante il lavoro.
Per quanto riguarda il resto, il lavoro on line può divenire un attività soddisfacente e liberatoria sotto molti punti di vista.

Ora, proseguendo nella lettura elencherò alcuni metodi per lavorare on line e di conseguenza per guadagnare, ricordati che prima di "buttarti"in qualche lavoretto on line, fai quattro chiacchiere con il tuo commercialista, in questo modo ti deluciderà su aspetti legali, aspetti negativi e positivi del tuo futuro lavoro.

Il primo metodo che intendo spiegare è l'unico che trovo simpatico e stranamente stimolante sotto molti punti di vista, è dedicato interamente alla nuova moneta bitcoint e a tutto il mondo che gira attorno ad essa.

Come detto nel precedente capitolo, questa moneta in reatà non esiste, è una moneta completamente virtuale che nonostante la suscettibilità che può trasferire, è in grado di completare transazioni reali per lo scambio di beni e servizi, *reali*.
Prima d'iniziare ad accumulare bitcoin, occorre avere un luogo dove contenerli, depositarli e trasferirli, quindi l'idea potrebbe essere una banca.
I depositi che si occupano dell'accumolo di questa moneta, non

ne sono molti ma per fortuna esistono alcune "banche", chiamate professionalmente *wallet* in cui è possibile accumulare i nostri bitcoin, oltretutto, queste banche virtuali sono in grado di svolgere azioni come i nostri istituti di credito, senza contare, che il tutto è estremamente sicuro per i nostri dati, i nostri soldi e la nostra privacy.

Di metodi per accumulare bitcoin ce ne sono diversi, ma ritengo il più maneggevole e sicuro l'apertura di un wallet; ho deciso di consigliare un wallet per l'accumolo di bitcoin anche se ne esistono tanti altri, ma personalmente ho usufruito di questo servizio e mi trovo molto bene quidi ti speigherò come aprirne uno.

Si può "aprire un conto" o meglio aprire un wallet al sito internet

www.blockchain.info

Puoi registrarti gratuitamente su blockchain.info e aprire un wallet.

Il wallet sarà un punto di accumuolo bitcoin dove potrai accumularne quanti ne vorrai e spenderli , altra nozione importante su blockchain è che una volta completata la registrazione ti verrà fornito un indirizzo per far accreditare i tuoi bitcoin (più avanti vedremo come potrai utilizzarlo).

Ora veniamo al punto più "ecclatante" dell'argomento *bitcoin*.

Dopo una serie di esperimenti effettuati, sono venuto a capo che per generare pochi bitcoin non occorrono grandi sacrifici, oltre a questo, ho potuto visionare di persona che per accaparrarsene non serve molto più di un pc ed una connessione ad internet;

per guadagnare questa moneta virtuale si possono sfruttare dei servizi che sponsorizzano altre attività, oltre che utilizzare i metodi di normale lavoro on line già esistenti da tanti anni a questa parte.

Il primo metodo che ho esplorato di persona per quanto riguardava il guadagno di bitcoin sono stati siti che pagavano i loro utenti in base alla *navigazione svolta*, questa tecnica, è stata dedicata a tutti gli utenti che vogliono ricavare bitcoint in cambio della loro navigazione in rete, se si può considerare un lavoro questo, non si spiega, ma di sicuro è profittevole in merito all'impegno dedicato.
La tecnica è molto semplice, occorre innanzitutto trovare un sito che sia disposto a pagare in questo modo (per navigare al suo interno).

La mia ricerca ha avuto risultati positivi per quanto riguarda il sito *bitvisitor* disponibile all'indirizzo

www.bitvisitor.com

ecco una panoramica del sito

questa immagine riporta la figura inziale di bitvisitor, come si può notare è molto semplice e per accedervi non occorrono emblematici procedimenti, ma basta inserire l'indirizzo del proprio wallet per ricevere bitcoin.

La procedura è molto semplice basta inserire il proprio indirizzo del wallet
all'interno della barra bianca e cliccare su *submit* per iniziare il processo di accumulo.

L'indirizzo che bisogna inserire è il proprio indirizzo per accumulare bitcoin e in questo caso possiamo procurarcelo come detto in precedenza da **blockchain** l'indirizzo verrà fornito in automatico dopo la registrazione.
Se non ti è chiaro questo passaggio per recuperare l'indirizzo del tuo wallet, non preoccuparti , basta che ti rechi sul sito blockchain e recupererai il tutto in maniera facile.

Il procedimento per il recupero di bitcoin tramite bitvisitor è molto semplice, non occorre registrarsi all'interno del sito, come in molti altri, ma, l'unica cosa che occorre fare, è inserire il nostro indirizzo del wallet (cioè l'indirizzo recuperato tramite blockchain) e per il resto il sito andrà in automatico facendoci guadagnare bitcoin.

Una volta che avremo compilato il tutto all'interno di bitvisitor e cliccato il tasto **submit**,(nel quadrato rosso) verremo indirizzati in un altra pagina dove vedremo una pubblicità che può variare di genere in genere;
nella parte superiore di ogni pagina, ci sarà la nostra barra personale con un timer che andrà a diminuire fino ad arrivare a zero, quando questo timer quando segnerà zero invierà dei bitcoin al nostro indirizzo.

Una volta terminata questa operazione, comparirà un tasto nel nostro riquadro con la scritta "next", cliccandolo verremo reindirizzati su un ulteriore pagina dove dovremo andare a compilare un codice captcha, (il codice captcha non è nient'altro che una piccola finestra dove sono riportate delle lettere o numeri e sempre al suo interno è presente una barra vuota dove andare a digitare le medesime) una volta compilato il tutto, verremo reindirizzati di nuovo in un altra finestra contente altra pubblicità con un ulteriore timer che partirà da cinque minuti e andrà scendendo fino ad arrivare a zero, una volta che sarà arrivato a zero verranno segnati nel nostro account altri bitcoin e possiamo guadagnarne altri ricliccando sulla scritta "next".

Il sito genera un pagamento per un accumulo di 100,00 uBTC e per raggiungerli non ci vuole molto lavoro, ma il tempo che va impiegato per guadagnare è *considerevole*.

Inoltre ho potuto notare che per arrivare a quella cifra, bisogna rimanere al pc per compilare un captcha dopo l'altro fino alla soglia richiesta per il pagamento, a volte il sito non fa aprire più pagine per prelevare denaro e occorre recarsi su di esso il giorno successivo, o addirittura, quarantotto ore dopo.
Il metodo forse può sembrare una vera e propria utopia, ma posso dire che il tutto è veriterio e per generare qualche bitcoin il sito è davvero **ottimo**.
Questo argomento è il più semplice per quanto riguarda il tema bitcoin, ho avuto modo di guadagnare altro denaro virtuale in modo più approfondito e sfruttando tecniche di lavoro più avanzate.

Di servizi come quello elencato precedentemente ce ne sono diversi, alcuni più proficui, altri meno, alcuni non veritieri, altri delle truffe totali; ricordati che se ti inbatterai in rete alla ricerca di siti come questo, stai attento a tutte le possibili truffe, prima di iscriverti leggi post su forum siti e blog fatti consigliare da chi ha avuto esperienze con il sito , una volta che avrai concluso la tua "indagine" puoi iniziare a lavorarci su.

Un ulteriore portale in cui mi sono cimentato diverso tempo fa si chiama **coin url** disponibile al seguente indirizzo http://coinurl.com.

Non è come bitvisitor che finanzia i propri utenti in base alla navigazione, questo sito, permette di guadagnare se diffondiamo i suoi link oppure banner, sotto molti aspetti è molto simile a google adsense.

Ecco una panoramica della pagina iniziale del sito

Il modo intelligente per monetizzare i tuoi contenuti!

Dalla sua semplicità e struttura basilare, il sito è di facile utilizzo per chiunque e per generare bitcoin con esso risulta estremamente facile e divertente.

Ma come funziona questo sito per farci guadagnare i nostri bitcoin?
Molto semplice.
Il sito in questione utilizza pubblicità che andrà ad aprirsi ogni volta che un utente cliccherà un suo link o banner, una volta che la medesima pubblicità si aprirà passeranno dai cinque fino ai quindici secondi e l'utente che stava navigando verrà reindirizzato alla pagina che voleva visitare, il funzionamento è molto semplice ed ho creato uno schema per far apprendere meglio il suo procedimento.

Link di coinurl.com------pubblicità------pagina desiderata

Se si è titolari di un blog oppure sito intenet,
si possono inserire link di indirizzamento ad altre pagine e in quei link si può inserire la pubblicità di coinurl.com in.

Con questo sito è possibile trasformare ogni link che gli viene posto, in un link contenete pubblicità e i stessi, possono essere pubblicati dove vogliamo.

Provo a spiegare il tutto con un esempio .
Se volessimo scrivere un post dedicato a facebook, basterebbe inserire la nostra pubblicità sul link www.facebook.it e in questo modo, i nostri visitatori ogni volta che cliccheranno il link, ci faranno ricevere una commissione.

Perché si dovrebbe guadagnare ad ogni click ?
Perché in modo non consapevole ogni link contiene pubblicità e quest'ultima darà una commissione a chi pubblicherà il link con essa.

Come ti dicevo prima, per monetizzare i tuoi contenuti non ti occorre altro che affidarti a **coinurl.com** è un modo semplice e molto proficuo sotto molti aspetti.
Per iniziare a lavorare con questo metodo, ti basta eseguire una normale registrazione come in qualsiasi altro sito internet e l'utente potrà usufruire di tutte le agevolazioni che offre ai suoi regolari iscritti.

Per farti capire in nesso di questo metodo, ho messo qui sotto la pagina del mio profilo utente.

Panoramica

Nella pagina profilo, come puoi notare, sono ben messe tutte le opzioni che si possono utilizzare all'interno di **coinurl.com**.

Partendo da sinistra sulla scritta *pagina principale* è riportata la visuale iniziale del sito (quella pubblicata precedentemente) proseguendo, sotto la scritta *pubblicizzare* è possibile entrare in un apposita pagina del sito per creare *banner pubblicitari, devi sapere che* il banner è un ulteriore strumento di lavoro, ne esistono in rete diversi per generare denaro, un programma molto diffuso per divulgare contenuti attraverso i banner è adsense.

Sotto la scritta *guadagnare* ci sono diverse opzioni che permettono di costruire i nostri link; banner e spazi pubblicitari per diffondere sul web la nostra pubblicità .

Personalmente ho svolto il mio lavoro unicamente con dei link, escludendo banner e tutto il resto, il motivo, è che i link sono più diffusi, meno complicati e adatti ad un pubblico ampio, successivamente, spiegherò anche come creare link e diffonderli in maniera che vegano cliccati.

Andando avanti sulla barra iniziale di profilo in alto, coinurl.com ci dedicherà una casella con il nostro nome che abbiamo utilizzato per la nostra registrazione, questa casella è di cruciale importanza perché all'interno di essa sono espresse chiaramente tutte le statistiche derivanti al nostro account; verranno elencati tutti i link che abbiamo creato con l'apposito strumento di coinurl.com, verranno classificati tutti i nostri guadagni, ci sarà addirittura una casella per trasferire i nostri bitcoin nel nostro wallet e molto altro ancora.

A seguire verrà la scritta *info,* questa casella è una fonte d'informazioni per quanto riguarda il sito, al suo interno possiamo trovare diverse tematiche rigurdanti coinurl.

Ora veniamo al punto di trasformare dei link (non importa da dove provengano oppure di quale argomentazione trattino, l'importante che siano dei link funzionali e non siano spammer o qualcos'altro di illegale) in link **pubblicitari**.
Possiamo recarci alla pagina per accorciare link; la pagina dove poter svolgere questo lavoro è quella riportata qui sotto.

Non occorre fare molto, quello che basta è inserire il nostro link da accorciare e monetizzare nella barra bianca, infine basta

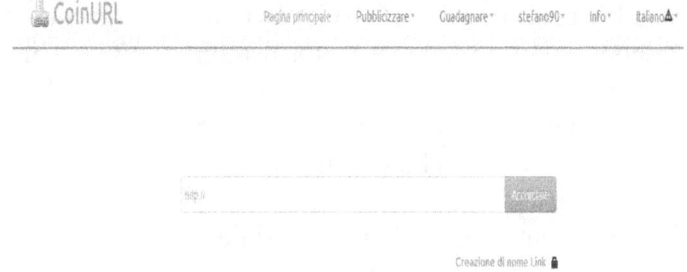

premere il tasto "accorciare", nell alrco di un secondo sbucherà il nostro link accorciato pronto per essere pubblicato.
Ricordati che se qualcuno cliccherà quel link che tu stesso hai accorciato, tu percepirai un guadagno sotto forma di bitcoint e sarà il sito stesso a fornirteli.

Dove pubblicare i nostri link di coin url?

Grazie al mondo del web 2.00 abbiamo solamente l'imbarazzo della scelta.
Possiamo pubblicare i nostri link ovunque, ricordi la pagina facebook citata poco fa? Quel metodo può essere ottimo per divulgare i nostri contenuti, io ad esempio sulla mia pagina facebook ho divulgato i miei link reindirizzando persone su videogiochi on line gratuiti.

Ho scritto espressamente
Vuoi giocare a (nome del gioco) gratuitamente?
Ti basta un semplice click

In fin dei conti ho pubblicato dei videogames sulla mia pagina facebook, perché sono argomenti d'interesse per gli utenti che

la frequentano e poi, può far piacere svagarsi di tanto in tanto giocando a dei videogames gratuiti.

Per far si che l'apertura dei link venga effettuata (in questo caso su facebook) non occorre altro che pubblicare una foto inerente alla pagina che si vuole far apparire , una breve descrizione, (non più di qualche riga) e in fine il nostro link "accorciato tramite coin url".

Tutti gli utenti che saranno interessati non esiteranno a cliccare il nostro link, visualizzeranno la pubblicità, noi guadagneremo bitcoin e in fine l'utente andrà nella pagina desiderata.
Il metodo di pubblicare i nostri link sulla pagina facebook non è che uno dei tanti, infatti, abbiamo la possibilità di incrementare notevolmente i nostri clik con ulteriori sistemi.

Un sistema che ritrovo geniale è la pubblicazione dei link attraverso il portale youtube.
Youtube è un portale dove ogni utente iscritto può pubblicare un video purché rispetti i parametri del sito, quindi, ogni utente può pubblicare quello che vuole dai suoi video fino ai suoi **link.**
L'enorme successo di youtube è scaturito dalla sua mole di traffico elevata ,che ogni giorno cresce a dismisura, un buon imprenditore non può farsi scappare questa opportunità legale e completamente gratuita per sponsorizzare la sua società, il suo prodotto, oppure suoi link.

Nel caso non conoscessi youtube ecco la pagina iniziale del sito.

Per pubblicare un nostro video all'interno del portale non occorre molto, basta registrarsi e dopodiché si possono caricare innumerevoli video in modo del tutto gratuito.

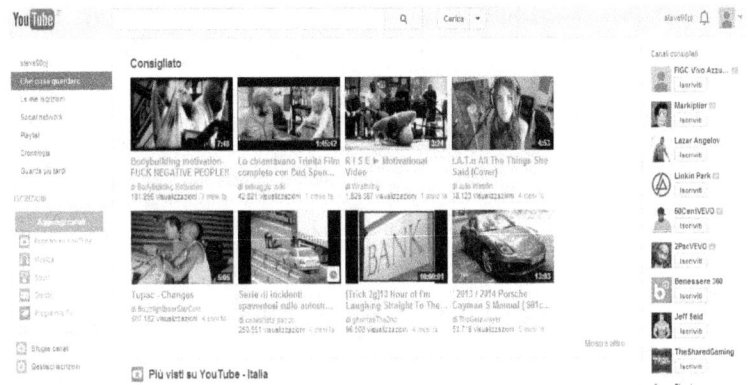

Ricordati che si può pubblicare qualsiasi cosa purché rispetti il regolamento di youtube e all'interno dei nostri video possiamo creare scritte e postare anche **link** per indirizzare tutti gli utenti in un altra pagina su internet.
Ora avrai capito che per sponsorizzare e di conseguenza far cliccare i nostri link, con coinurl.com su youtube è molto facile e se il tuo video dovesse ricevere tante visite le tue probabiltà di guadagno potrebbero divenire **ottime**.

Puoi creare un video inerente al tuo link
Ad esempio se ripari console e videogiochi puoi inserire un link dove consigliare l'aquisto di quella stessa console, cosi ad ogni click avrai aiutato i tuoi visitatori a trovare il materiale che gli interessa e tu ricaverai da tutto ciò una commissione.

Puoi pubblicare i link al di sotto dei tuoi video in modo che possa essere cliccato da chiunque, ma quello che ti consiglio e di creare anche un tuo portale (pagina facebook, sito internet, blog, forum) in modo da ottenere più click possibili.

Il motivo per cui intendo farti aprire un portale dove fornire informazioni ad altre persone è molto semplice.
Voglio che diventi più virale possibile e inizi ad "agganciare" i tuoi visitatori in modo che essi tornino da te più volte per la ricerca d'informazioni.

Immagina se riuscissi a creare un sistema dove un potenziale visitatore veda per la prima volta il tuo video, successivamente cliccherà il link al di sotto di esso (di video con i link ce ne sono a migliaia su youtube devi solo farci caso) dove il visitatore verrà reindirizzato al tuo blog, da lì potra visitare per intero il blog e cliccare su tutti i link che ci sono per trovare le informazioni di cui necessita, avrai ottenuto in questo modo più click e un guadagno più ampio.
Ora riconosco che il lavoro per creare tutto questo è elevato ma ne vale davvero la pena, in men che non si dica riceverai delle soddisfazioni.

Il lavoro da svolgere per ottenere buoni risultati è molto, anche perché bisogna far attenzione a ciò che si crea sul web, occorre fornire ai nostri visitatori contenuti di qualità e informazioni valide.

Se creerai buoni video e ottimi articoli, che siano in grado di insegnare qualcosa al tuo visitatore di sicuro esso tornerà per imparare qualcos'altro da te, se possiedi un blog oppure un sito internet ben curato e con informazioni valide, stai pur sicuro che il visitatore ti seguirà e di conseguenza cliccherà i tuoi link.

Un occhi di riguardo alle community

Questa piccola strategia non è molto usata, io stesso la metto in pratica per guadagnare qualche bitcoint sfruttando le community.
Le community sono piene di persone che cercano risposte di continuo, si può guadagnare attraverso esse rendendosi utili e condividere i nostri link da far cliccare.

Il link che pubblico logicamente è di coinurl.com e un qualsiasi utente registato sul forum lo può cliccare e accedere alle sue informazioni; non emetterà neanche un soldo per imparare, ma grazie alla pubblicità che visualizzerà cliccando il link io ricaverò una commissione.

Per farti capire bene questo procedimento ti faro vedere
una risposta che ho fornito di persona all'interno di una community.

Leggendo diverse conversazioni sul forum, ho notato che un utente era disperato e non trovava in rete il software che desiderava; io sapevo dove poterlo scaricare e cosi ho risposto fornendogli il link per il download e una spiegazione su come installarlo correttamente.
In seguito ecco la mia risposta fornita ad un utente con il mio link per farti concepire bene la tecnica.

Altre risposte (1)

 stefano con risposta 6 ore fa

ciao eris ho potuto constatare che il seguente link funziona, ma ricordati di impostare sul tuo pc windows 8 il "service pack 3" lo puoi impostare direttamente su "proprietà" del programma cliccando con il tasto destro del mouse, inoltre se dovessi riscontrare qualche problema segui la procedura di windows e farà in modo di far avviare il programma.
fammi sapere se è andato tutto a buon fine.

download xpadder windows 8

http://cur.lv/5m4kn

Il lavoro svolto per creare questa semplice risposta durerà per anni, altre persone come "eris" si troveranno con lo stesso problema d'affrontare, il web è molto vasto e sono sempre di più le persone che cercano le loro risposte alle loro domande, molte delle quali chiedono aiuto all'interno dei forum o community come questo.

Un ottima community è *answers*, anch'io sono iscritto lì e molto volentieri rispondo quando posso a problemi di molte persone che non riescono a fare o a trovare qualcosa.
Answers come ti dicevo è un ottimo portale ed è molto trafficato; distribuire i nostri link al suo interno potrebbe essere molto proficuo, senza contare che le nostre risposte contente i nostri link rimarranno sul sito **per anni** e tante persone andranno a cliccarli.

Ora che hai appreso i metodi semplici ma efficaci per generare bitcoin voglio insegnarti un altra tecnica molto efficace che distribuirà i nostri bitcoin sul web in maniera legale e del tutto autonoma grazie ai nostri scritti.

Diffusione link tramite ebook

La tecnica che ho inventato in questo caso richiede più lavoro ma comunque verrà ben ripagata.

Armati di pc e un foglio elettronico per poterci scrivere sopra perché adesso scriverai un vero e proprio ebook contenente argomenti basati suoi tuoi interessi.

Questa piccola ma efficace tecnica è eseguibile da chiunque e ho testato il tutto dalla creazione fino alla vendita, in modo che chiunque possa sfruttarla al meglio.

Per creare un ebook non occorre molto, basta aprire un file formato word e iniziare a scrivere.

Gli argomenti che si possono trattare all'interno del proprio ebook ne sono a milioni, che tu voglia scrivere come formattare il pc oppure come affrontare un divorzio, ricordati che l'unico scopo è "farcire" il nostro testo (ebook) di link in modo che ogni lettore possa essere indirizzato in una qualsiasi pagina web, il procedimento è facile, quando si sta per scrivere, è necessario inserire all'interno del testo i nostri link con la pubblicità di coinurl.com.

Dopo questa breve spiegazione voglio spiegarti come creare il tuo ebook in maniera da divulgare in maniera proficua i tuoi contenuti.

Crea autonomamente il tuo ebook

Non provare a modificare ebook di terzi, potresti violare le regole di copywrite oltre a risultare poco professionale.

Puoi scrivere quello che vuoi purché...

Ricordati che mentre scriverai il tuo ebook dovrai essere più professionale possibile, altrimenti gli utenti che lo acquisteranno potrebbero sentirsi truffati e oltre a questo, nessun altro pagherebbe per leggere un tuo ulteriore ebook, ti dico tutto ciò perché sono anni che acquisto e creo ebook da zero, dall'eta di 19 anni mi sono inbattuto in questo settore e ho venduto diversi ebook.

Mentre scrivi cerca di essere più dettagliato possibile, non sai chi ha acquistato il tuo ebook e potrebbe non comprenderti durante la lettura.

Puoi scrivere cio che vuoi, ma ricordati che le bugie hanno le gambe corte, perciò scrivi dettagliatamente e unicamente in modo veritiero, non ricorrere a falsità, ho notato personalmente che molte persone scrivono ebook promettendo guadagni stratosferici con pochi click,
a mio parere i soldi facili **non esistono** e non dovrai essere tu a inventare un sistema del genere.

Ricordati che mentre scrivi, devi far "viaggiare"il tuo lettore sul web indirizzandolo mediante i tuoi link su pagine che tu stesso hai scelto, se non porterai a termine il tuo lavoro in questo modo non ci saranno opportunità di guadagno per te.

Utilizza tutti i mezzi che dispone la rete per la diffusione del tuo ebook

Naviga in diverse categorie, sfrutta ebay,amazon, lulu, crea un video del tuo ebook e pubblicalo su youtube ,usufruisci di tutti i strumenti per distribuire il tuo ebook in modo da raggiungere più persone possibili, più persone leggeranno il tuo ebook e più probabilità avrai di guadagnare su ogni link cliccato.

Proteggi il tuo operato

Una volta che avrai creato il tuo ebook ricordati di proteggere il tutto ,prendi tutte le precauzioni possibili, inoltre, vendi solo ed esclusivamente il tuo ebook in formato pdf, in questo modo la tua opera sarà protetta e più professionale sotto molti punti di vista.

Ok, arrivati a questo punto immagino che tu voglia divulgare le tue informazioni, avrai creato il tuo ebook e ora sarai pronto per offrire ad un vasto pubblico un ottimo prodotto.
Voglio farti alcuni esempi di come poter pubblicare la tua opera.
Il primo esempio che voglio elencare è lulu.
L'immagine seguente raffigura la pagina iniziale del sito

Per pubblicare un ebook su lulu non è cosi difficoltoso come si possa pensare, è possibile pubblicare il proprio ebook anche in meno di un ora, con l'immagine di copertina che più ci aggrada e con le tematiche che più ci piacciono; pensa che la prima copia di questo libro è stata stampata proprio su lulu e non è stato il mio unico lavoro, ho avuto modo di pubblicare altro materiale sul sito.

Ho pubblicato diverse opere su lulu tutte basandomi su tematiche che mi piacciono e sfruttando le potenzialità del sito ho "marchiato" i miei prodotti con il nome del mio blog.

Come si può inserire il nome del blog sul proprio ebook e pubblicarlo su lulu?

L'immagine di copertina ha l'indirizzo on line del mio blog, lo stesso indirizzo è presente su quasi tutte le altre pagine, in questo modo il blog è ben sponsorizzato e il lettore lo visualizzerà di continuo.

L'indirizzo del nostro blog o sito internet, non deve essere l'unico indirizzo

All'interno è stato creato tutto il testo con link per indirizzare altri utenti su diversi siti;
 ricordi coinurl.com ?
Ho inserito all'interno dei miei ebook link per generare bitcoin e molti miei ebook contententi questi link sono gratuiti.

Il lettore, può accedere a tutte le mie informazioni in maniera gratuita, può scaricare il mio ebook sul suo pc e può anche condividerlo con altre persone, può fornirlo gratuitamente attraverso il suo blog se ne dispone uno, o distribuirlo in qualsiasi altro mezzo, facendolo divulgare in maniera **virale** il mio ebook verranno divulgati anche i miei **link**.

In questo modo riceverò tanti click sui miei link, anche se non parliamo di tanto denaro, posso ammettere di essere stato utile per il lettore e lui senza essersene reso conto è tornato utile per me.

Divulgare informazioni valide è lo scopo principale di internet, inoltre se creerai il tuo ebook e come il mio caso trasmetterai qualcosa a qualcuno, potrà essere molto soddisfacente.

CAPITOLO 4

Vendita di beni reali in cambio di denaro virtuale

Ogni giorno milioni di persone si recano nel bel mezzo del web alla ricerca del loro bene d'acquistare, oggi, leggendo statistiche reali su acquisti on line, si calcola che una persona su tre acquista sul web e anche quest'anno che siamo nel periodo natalizio, molte persone hanno comperato i loro regali recandosi su di un sito ecommerce, oppure acquistando su altri siti tipo amazon o ebay.

Ora non voglio portarti altre statistiche economiche di come le persone spendano il loro denaro, ma voglio far capire con semplici righe, come si sta ampliando il mercato on line, e c'è anche da afferrare che chi non acquista e sta dall'altro lato del pc è disposto a ricevere *soldi virtuali*, in cambio di un bene reale fisico, toccabile e ogni altro dettaglio che lo possa catalogare come tale.
Queste persone disposte a ricevere denaro virtuale, sono propense a inviare ai loro acquirenti i propri oggetti messi in vendita, ed io ne sono l'esempio vivente.
Io sono un venditore che vende oggetti in rete; ogni utente mi può pagare come vuole e nella stragrande maggioranza dei casi effettua pagamenti in modo virtuale, spesso utilizzando paypal.

Queste forme di pagamento stanno divenendo, di giorno in giorno, una delle abitudini come quella di fare shopping tra i negozi in un centro commerciale.
Aumentano sempre di più i siti e-commerce e le vendite secondo le statistiche stanno aumentando progressivamente, molti siti e-commerce, nati pochi anni fa, ormai sono già molto trafficati da potenziali compratori e hanno alte sponsorizzazioni anche sulle *tv nazionali*.

Visto che la vendita on line è cosi ampia perché ancora non tutti acquistano on line?

Chi non acquista on line di solito è perché si ritiene poco al sicuro oppure non ne ha le competenze

All'inizio il web era intrapreso in modo differente e non come oggi, molte persone hanno organizzato truffe, camuffato dati bancari; molti "craker" hanno svuotato conti correnti e via dicendo, oggi, tutto questo è considerabile come fattibile, visto che molti hacker fanno la loro comparsa di tanto in tanto, ma sono comunque in pochi coloro che si espongono cosi eccessivamente svolgendo un lavoro simile.

I motivi per cui il conto corrente di una normale persona è da considerarsi sicuro è grazie alle enormi precauzioni che ogni sistema bancario prende prima di affidare un conto al suo cliente.
Ci sono molti tecnici che controllano la sicurezza della banca on line, le precauzioni sono davvero esimie e quindi il sistema bancario sul web può considerarsi sicuro.
Un altro movente che potrebbe essere usato per la sicurezza del proprio conto è che un potenziale truffatore o un hacker, se dovesse "accedere" al nostro conto bancario on line per prelevare denaro, credo che impiegherebbe le medesime energie per svuotare un conto più proficuo per esempio di una eminente società .

Ecco perché le transazioni on line possono ritenersi sicure (forse più sicure di quelle reali, visto che clonare un bancomat risulta un sistema più diffuso che entrare su di un sito internet).

A volte affronto conversazioni con persone che non effettuano acquisti on line perché non si ritengono all'altezza di affrontare tale operazione.

Posso assicurare che comprare on line è più facile che bere un bicchiere d'acqua, tutti i siti e i marktplace sono facilmente comprensibili, con opzioni agli acquisti molto facili, sono a completa disposizione mezzi di comunicazione con i venditori ad esempio email o chat e tanto altro; acquistare on line è divenuto alla portata di tutti, bastano pochi click e l'oggetto che desideriamo arriverà a casa nostra in pochissimo tempo.

Oltre ai compratori on line esistono anche dei venditori.

Se vorremmo iniziare a vendere on line ?

La tua fortuna, è che anche da domani puoi iniziare a vendere sfruttando il web, puoi intraprendere una qualsiasi attività senza il bisogno di grandi investimenti e potrai testare tu stesso come sia semplice ed efficente svolgere una qualsiasi vendita.

Per iniziare a vendere on line sono necessarie alcune procedure meno impegnative di un attività reale, ma occorre la stessa professionalità di un qualsiasi altro impiego.
Per prima cosa ti occorre scegliere la giusta piattaforma sulla quale vendere i propri oggetti, ma non solo, servirebbe anche sapere su quale campo investire prima d'iniziare; una volta localizzati questi due punti fondamentali puoi iniziare a formare il tuo luogo di vendita.

In seconda fase devi sapere, che se volessi inserire un comune oggetto on line devi prendere alcune precauzioni.
La prima è scattargli delle foto in maniera professionale, con la giusta luce e la giusta macchina fotografica, se serve sarà anche

necessario effettuare qualche ritocco con un programma di correzione .
Una volta che abbiamo le nostre foto pronte per essere pubblicate, dovremo saper descrivere il nostro oggetto e cercare di essere convincenti nel descriverlo.
Nella descrizione devi inserire le tue garanzie, le tue modalità di pagamento,
la condizione dell'oggetto stesso e anche ulteriori oggetti in vendita.

Ma questo non basta per eseguire una vendita on line, occorre anche scegliere il tempo in cui invierai l'oggetto acquistato, le modalità di spedizione dello stesso e se il cliente non è soddisfatto quanto tempo può tenere l'oggetto prima di essere restituito.
Questi concetti sono argomenti base per la vendita on line, che si devono assolutamente apprendere al meglio.
Ma oltre ai concetti basilari per una corretta vendita on line, un altro fattore elementare è il luogo dove vendere i nostri oggetti.
prima d'iniziare un nuovo business, credo che sia necessario un "sito di addestramento"; certo è possibile aprire direttamente un sito e-commerce per vendere il tuo operato, ma prima di farti "tuffare" in mezzo ad un oceano, credo che sia meglio che tu impari a nuotare.

Ma come si chiama questo "campo di addestramento"?

Prima che ti consiglio il sito per il tuo giusto addestramento, voglio confidarmi dicendo che
ho sempre creduto alla vendita on line dal 1999, da quando ho posseduto il mio primo pc, avevo intuito subito che internet sia divenuto con il tempo, molto di più che un mezzo di comunicazione, di certo non avevo le idee lucide come oggi, ma comunque ero convinto che apportasse un cambiamento

globale non indifferente e infatti cosi fu.

Visto le mie credenze al rigurdo, non impiegai molto tempo a sfruttare internet per le mie prime "piccole" attività on line, avevo voglia di iniziare a fare qualcosa sul web fino a che non scopri un bel sito di affari.
Il primo sito dove ho avuto la possibilità di vendere è stato **ebay**, uno dei più famosi a livello globale, al suo interno è possibile accedere ad una miriade di categorie e sempre più venditori off line, portano i loro oggetti su ebay per raggiungere una visibilità ampia e una mole di compratori più elevata.

Ecco la pagina del sito

www.ebay.it

Ebay cresce di giorno in giorno, sono sempre di più le persone

che effettuano acquisti su di esso e non mancano, nuovi negozi virtuali che sono all'interno del sito che aggiungono costantemente nuovi prodotti da distribuire su tutto il sito.
Non ci sono limiti per ciò che si può vendere all'interno di ebay: pensa che non trovano difficoltà i rivenditori che si cimentano nel settore dell'abbigliamento, vendendo su ebay, hanno la possibilità di specificare più dettagliatamente possibile i loro capi, selezionando all'interno delle loro inserzioni le talglie, il colore e tutto ciò che riguarda le caratteristiche di quella categoria, senza contare che hanno a disposizione un software all'interno del sistema per gestire tutti i loro capi in magazzino e tutti quelli in vendita.

Perché si dovrebbe iniziare a vendere su ebay?

Credo che ebay sia un ottimo sito da dove iniziare il proprio "addestramento" per imparare correttamente la base della vendita on line.
Iniziare a vendere su ebay ti farà capire come si vende on line, imparerai ad applicare le giuste forme e a comportarti in maniera adeguata con i tuoi clienti, se sbaglierai, ebay verrà in tuo soccorso ma se vorrai effettuare qualche cosa d'illegale ebay ti *chiuderà l'account*.

Puoi iniziare con un account base, facilmente apribile su ebay attraverso un iscrizione gratuita, devi solamente concedergli i tuoi dati e un valido indirizzo email .
È necessario sapere che è possibile vendere di tutto, esistono tantissime categorie e se si dispone già di un'attività reale, si possono inserire su ebay i propri prodotti senza effettuare altri investimenti di alcun tipo, solo che per iniziare con un account base non si possono inserire su ebay *più di 100 oggetti*.

Non è necessario essere a conoscenza di alcun linguaggio di programmazione per vendere su ebay, questa piattaforma è cosi semplice e di facile comprendorio che tutti possono vendere i propri oggetti su di esso.
Si possono ricevere soldi dalle vendite in una molteplicità di modi, tramite bonifico bancario, paypal,vaglia postale carte di credito e via dicendo, non sono ammesse ricariche di carte prepagate, anche se ho potuto notare che molti utenti effettuano questo tipo di transazioni; anche se ebay lo proibisce .

C'è uno scambio di email tra il venditore e l'acquirente in modo che la vendita diventi scorrevole e sicura, è possibile offrire svariati metodi di spedizione alcuni esempi sono: la posta prioritaria, raccomandata, corriere espresso e anche il contrassegno.
Su ebay è possibile scegliere il prezzo dell'oggetto che mettiamo in vendita e il sito pretenderà il 10% circa di commissione se tale oggetto *verrà venduto.*
Le commissioni degli oggetti che vendiamo su ebay può diversificarsi in base al tipo di oggetto che inseriamo in catalogo e al negozio che intendiamo aprire.
La scelta del negozio da aprire su ebay dipende da quanti oggetti abbiamo da vendere, se possediamo meno di cento oggetti non occorre aprire un negozio, ma se il nostro quantitativo è maggiore occorre aprirene uno base al costo di 19,95 euro "circa" al mese, oppure aprirne uno premium al prezzo di 39,00 euro "circa" al mese o se le nostre esigenze sono di vendere anche all'estero su altri siti ebay esiste un negozio che può soddisfare le nostre esigenze, il nome del negozio è premium plus.
Voglio ricordarti che le caratteristiche dei negozi sono elencate in modo dettagliato nella pagina del sito

http://pages.ebay.it/negozi/tipologia.html

Ora non voglio farti un corso su ebay, anche perché servirebbe un ulteriore libro per spiegarti tutto quello che so su di esso, quello che devi apprendere in questo capitolo, è che ebay è un ottima piattaforma per iniziare, puoi incominciare a vendere oggetti che non utilizzi più da tanto tempo e se vedrai che la cosa ti interessa potrai inizare il tuo nuovo business all'interno del portale.

CAPITOLO 5

Approfondimenti sulle vendite on line

Quando si decide d'iniziare a lavorare sul web la maggior parte delle persone dimostrano scetticismo al riguardo e senza ombra di dubbio vorrebbero iniziare a coltivare i loro profitti senza investire alcun soldo.
Personalmente, non ho iniziato a guadagnare on line senza investire nulla, la mia prima esperienza si è svolta su ebay e una volta che avevo terminato i miei oggetti , ho dovuto acquistarne altri , e altri ancora.
Ricordo che per stare al passo con le vendite, vendevo ed acquistavo di continuo, a volte dovevo percorrere chilometri di distanza per recuperare i miei oggetti per risparmiare sulle spese di spedizione;
Ho dedicato alla mia attività tempo, soldi e lavoro ma non smette di darmi soddisfazioni e se dovessi tornare indietro ripercorrerei lo stesso tragitto.

Ora non so con certezza come vorresti intraprendere la tua attività, può darsi che tu sappia dipingere e quindi, volendo vendere i tuoi quadri su ebay non ti occorre un enorme investimento, con un pò di soldi potresti iniziare tranquillamente, ma se hai intenzione di comprare e rivendere allora un investimento (anche non spropositato) puoi affrontarlo.

Dipende solo ed esclusivamente da te come iniziare questo lavoro e vedrai che con il tempo e le strategie che svilupperai andando avanti, potrai godere di tutte le agevolazioni che il sito concede a chiunque.

Personalmente, devo ammettere che con il passare del tempo,

stavo prendendo sempre più passione per ciò che stavo facendo, grazie la mio investimento svolto per acquistare merce e rivenderla, oggi posso ritenermi soddisfatto di ciò che sto costruendo e i miei progetti tendono ad ampliarsi sotto molti punti di vista sia economici che professionali.

Senza contare che amo il mio lavoro, anche quando non da i risultati sperati, so di per certo, che sto per fare il giusto , non mi perdo più d'animo quando le mie vendite scarseggiano oppure quando devo affrontare dei problemi, ho deciso che questo è il mio lavoro e cercherò sempre di più di farlo al meglio possibile, anche se ci sono problemi o cali sulle vendite.

Ma ora non voglio entrare nel personale e inserire in questo libro i miei fatti, ma voglio rivelarti quel poco che basta per farti capire, quali sono le decisioni che io ho preso e che spero possano tornarti utili.
Con la mia storia inerente alla vendita on line, non voglio consigliarti di abbandonare il tuo posto di lavoro, il mio consiglio, è che puoi iniziare a coltivare un secondo lavoro su ebay e se vedrai che il tutto si svolge in maniera proficua, puoi iniziare anche tu, non ci sono enormi rischi e puoi iniziare da subito.

Iniziare un attività che ci aggrada

In molte occasioni parlo con persone realmente interessate a queste tematiche e di continuo mi pongono domande come:
Che cosa vendere su ebay?
Che cosa posso vendere?

Per iniziare un business su ebay, innanzitutto bisogna decidere

che cosa vendere e qui il mio consiglio è ponendo un ulteriore domanda:
Che cosa ti piace?
Se ti piacciono i vini pregiati, perché non iniziare un attività inerente a questi prodotti, a me ad esempio piacciono tanto i videogiochi,console e vari componenti elettronici, ho una forte passione per questo campo, tanto da aver investito del denaro su di esso e creato un attività.

Quando mi viene posta la domanda "che cosa posso vendere", la maggior parte delle persone spera che consigli loro un mercato dove non possano fallire, ma io non sono a conoscenza di queste informazioni e credo che nessuno lo sappia.
Molti imprenditori divenuti tali su ebay, hanno rischiato denaro e tempo per provare a vendere i loro oggetti; hanno creduto ai loro prodotti, hanno lottato contro la concorrenza e hanno studiato strategie per vendere di più e per mantenere una buona reputazione con i loro clienti.

Anch'io che sono anni che navigo nel sito ancora oggi sperimento tecniche per cercare di vendere di più, proprio adesso sto creando un volantino da mettere in ogni pacco per rendere più "gradevoli"le mie vendite.
Un altra tecnica che sto eseguendo è scrivere su di un quadernino quasi tutti i giorni i miei progressi, sviluppi e anche fallimenti e perdite, cosi in questo modo posso migliorarmi ogni giorno che passa, consiglio di attuare lo stesso stratagemma a chiunque abbia intenzione di iniziare una qualsiasi attività.

Di seguito, ti elencherò altre tecniche che io stesso ho messo in pratica per incrementare e rendere costante il mio commercio, ti avviso, che le righe che seguiranno sembreranno descritte da un professionista, da un vero esperto che non ha mai commesso alcun errore, ma posso assicurarti che non è cosi, ho sbagliato molte volte e in diverse occasioni, non sono un "genio" della vendita ma le informazioni che condividerò con te successivamente potranno tornarti molto utili.

Devi sapere, che ancora oggi, che sono passati anni dalla mia prima vendita su ebay e su internet in generale, commetto errori, quindi, non ti allarmare se inizialmente dovessi affrontare fallimenti o perdere soldi, devi sapere che è assolutamente normale, di sicuro sarà meglio che non commetti errori di alcun tipo, ma è quasi impossibile, togliti dalla testa che un imprenditore non deve commettere sbagli, questa modalità di pensiero sarebbe il primo vero errore e *anche il più grave*.

Come ti dicevo, per prima cosa occorre scovare il prodotto quale dedicare il nostro lavoro, io personalmente ho deciso di vendere videogiochi, (scusami per la ripetizione) console e componenti elettronici, il mio negozio ebay si chiama

power free games

L'indirizzo web del mio negozio è

http://stores.ebay.it/power-free-games

Il mio negozio su ebay è ancora attivo e funzionante, ma prima di arrivare a vendere diversi prodotti mensilmente ho dovuto procedere in svariati modi e sfruttare molteplici strategie.
Per prima cosa, ho acquistato diversi lotti in grandi quantità, una volta che avevo questi lotti ho distribuito il tutto nel mio magazzino catalogando ciascun videogioco e assegnandogli la

giusta posizione in base al nome, genere e piattaforma.

Comprare in lotto può essere un buon investimento

Cerca per tutto il web in "lungo e largo" il lotto che ti interessa al prezzo più basso, a volte si possono trovare i propri oggetti desiderati ad un prezzo estremamente vantaggioso.
Cercare un buon affare per il web non è alla portata di tutti, occorre conoscere i prezzi di mercato, riconoscere se l'investimento che stiamo per affrontare possa essere proficuo e localizzare il giusto punto vendita; per migliorare le mie abilità in questo senso ho dovuto spendere anni di studi, migliorandomi ogni giorno che passava e ancora oggi mi ritengo una persona che deve imparare molto sul suo lavoro.

Puoi iniziare il tuo lavoro on line anche con una normale compravendita tra privati, a volte si possono concludere ottimi affari navigando solamente in rete e comperando qualcosa che qualcuno è disposto a togliersi.

Per localizzare questi affari puoi:

Cercare in siti d'annunci oggetti a basso costo

Cercare sul giornale locale nella sezione annunci

Comperare e rivendere sullo stesso ebay

O se non vuoi comprare e rivendere tra privati, puoi sempre cercare un grossista e metterti d'accordo con lui per acquistare e rivendere.
Fai una breve ricerca sul web e i grossisti spunteranno come "funghi", ti basta cercarli e vedrai che i risultati saranno

sbalorditivi.

Se non si vuole investire un buon inizio potrebbe essere vendere oggetti altrui.

Ricordati che se imparerai a vendere in maniera proficua i tuoi oggetti, potrai iniziare a vendere anche per *conto di terzi*.
Per vendere oggetti altrui non ti occorre molto, a parte un sito internet, (se ne volessi aprire uno) o come abbiamo citato precedentemente un negozio (ebay), dove potrai vendere tutti gli oggetti che vorrai.

Per iniziare a fare affari nel mondo virtuale, le chance sono diverse, potresti incominciare dando una mano alle persone che non sanno vendere su internet e quindi, affidandosi a te, potranno vendere i loro oggetti e ricavare soldi dalla tua vendita.

Questo sistema ,può essere davvero renumerativo e di largo interesse.

Perché dovrei vendere oggetti di altre persone, non potrebbero farlo da sole?

Anche se molte persone hanno un pc, una connessione a internet e conoscono siti di vendita, sappi che non venderanno mai e poi mai.
La maggior parte di esse non sono interessate a vendere on line, preferiscono ricevere denaro immediato ,ma non si inbattono all'idea di iscriversi su ebay e iniziare a vendere, ti dico tutto questo per esperienza personale.
Ecco perché potresti iniziare ad affrontare un discorso del genere, puoi diventare il venditore della porta accanto, potrai divulgare il tuo servizio facendolo divenire un vero e proprio

lavoro, e per creare tutto questo, al momento l'unica cosa che devi fare è iniziare.

Quello che ti consiglio vivamente di fare, è iniziare a prendere praticità su ebay, non ti occorre molto tempo, anche una volta finito di lavorare la sera, oppure la mattina un oretta prima di andare a lavoro, può divenire un ottimo inizio per prendere familiarità con il sito.
Quando concludi qualche vendita dei tuoi oggetti e inizi a notare che i tuoi clienti rimangono soddisfatti dei tuoi servizi, *lasciando feedback positivi*, puoi iniziare ad annunciarti come venditore.

Puoi parlare con i tuoi amici o parenti, molte persone hanno oggetti che non utilizzano più e saranno ben felici di darteli in cambio di denaro.
Sembra tutto facile e pratico per chiunque, ma posso garantire che non è cosi prima che inizi devi prendere alcune precauzioni.
Voglio raccomandarmi su alcuni punti da non sorvolare per il corretto andamento delle tue vendite.

Stai attento a tutte le tasse che dovrai pagare

Su ebay, ci sono delle commissioni che dovrai studiare, paypal che è il sistema bancario più diffuso su ebay, richiede delle commissioni da parte del venditore e una tariffa per la ricezione del denaro; una volta che avrai risolto tutti questi punti, potrai vendere oggetti altrui calcolando per bene tutte le tue percentuali e dopodiché iniziare il tuo lavoro.

Fai per bene i tuoi calcoli mensilmente

Potrai creare un foglio di calcolo con i guadagni lordi, guadagni netti, costi generici, di gestione e profitti in modo da tenere sotto controllo la parte contabile della tua attività.

Ma oltre ad un calcolo preciso di tutti i tuoi costi e guadagni, voglio consigliarti anche qualche altro trucco che troverai utile nel tuo impiego.

Una volta che hai visto la parte contabile, ricordati della professionalità.

Ricordati di acquistare una macchina fotografica (mi raccomando non risparmiare sui mezzi di lavoro) di trovare a buon prezzo un piccolo magazzino , (potrebbe bastare persino il tuo garage, ma se intendi trasformare il tutto in un attività ti consiglio di cercare un magazzino) e se vuoi inziare professionalmente (ti suggerisco di iniziare in questo modo) acquista anche un buon kit da fotografo, con tanto di luci e tutto quello che serve per migliorare il più possibile le tue immagini da inserire nel tuo catalogo vendite on line.

Ok per quanto riguarda l'attrezzatura, ma per mantenere alto il livello delle vendite?

Potresti arrivare al punto di vendere tanto su ebay, oppure potresti arrivare ad un punto dove le tue vendite scarseggiano, ma in questo modo esiste la soluzione ideale per aumentare i profitti.

Quella che ti sto per annunciare è una tecnica che in pochi sfruttano non rendendosi conto che è immensamente renumerativa.

Questo banale ma efficace trucco, può farti lavorare di più (senza investire molto) aumentando di conseguenza anche i tuoi guadagni.

Quello che devi fare, è stampare delle locandine dove spieghi dettagliatamente il lavoro che pratichi sul web.
Puoi dire sulle locandine che effettui sopralluoghi gratuiti per visionare la merce da vendere, che non fai pagare nulla se l'oggetto non dovesse essere venduto e offri la massima serietà e professionalità in qualsiasi caso.
Se stamperai cento volantini del genere, potrai collocarli nella tua zona e nelle zone limitrofe, molte persone ti contatteranno e ti chiederanno se potrai vendere i loro oggetti in cambio di denaro.

Sfrutta tutti i mezzi per farti conoscere

Crea subito un gruppo su facebook oppure una pagina dove proponi i tuoi servizi con tanto di numero di telefono e indirizzo email, le persone interessate, vedranno gli oggetti che hanno in casa e che da anni non utilizzano più e ti contatteranno per farseli vendere.
Gira un video e caricalo su youtube, spiega come svolgi la tua attività che prodotti puoi vendere e sopratutto i vantaggi del tuo servizio.

Specializzarsi su un unico campo

Questo è un consiglio utilissimo; come ti dicevo in precedenza, sul mio negozio ebay sono passati davvero tanti oggetti, vendevo di tutto, a volte senza neanche conoscere le caratteristiche di alcuni oggetti, ho concluso vendite su oggetti che non conoscevo e alcuni sono ancora nel mio magazzino, tutto questo, è in *modo assoluto sbagliato*.
Dopo diverso tempo, ho capito che specializzarsi su di un ramo è la cosa giusta da fare.
Ho voluto specializzarmi sui videogames sulle console e componenti dello stesso genere in modo che se qualcuno ha

bisogno di tali oggetti sa dove trovarmi, quando vendevo di tutto le mie poche vendite si svolgevano solo su ebay a qualche acquirente che "capitava" nelle mie inserzioni, mentre adesso le persone mi contattano per avere consigli su gli oggetti d'acquistare come possono ovunque, anche per strada.
Il mio consiglio quindi è di specializzarti su di un campo e "coltivarlo" il più possibile.

Un riepilogo per il giusto andamento

Prima che inizi a vendere o ad aprire una tua attività on line, voglio farti un riepilogo di ciò che potrà tornarti utile.

Scusami se sono ripetitivo ma voglio trasmetterti tutto quello che a me personalmente è tornato utile e quindi voglio che i punti che ho citato in precedenza li ripasassi in modo da capire perfettamente che cosa è fondamentale prima d'iniziare.
Segui tutti i punti anche se sembrano argomenti già descritti.

Bene pensare in grande, ma è giusto agire in piccolo

Ho iniziato dal piccolo, prendendo un magazzino in affitto e a vendere tutto quello che mi capitava sotto mano, a volte sono stato fortunato di vendere al minuto, in altre occasioni ho comperato diversi oggetti e sono ancora depositati in magazzino, è per questo che ti sconsiglio di affrontare enormi investimenti ma, di iniziare gradualmente un passo alla volta in questo modo capirai quali oggetti si vendono di più e di conseguenza aumentare l'intuito sui prodotti in cui andrai ad investire.

Investimento è anche intuito

A volte può capitare di fare un buco nell'acqua, a me è capitato, a molti imprenditori capita di continuo, persino a lavoratori autonomi; per evitare di fare un cattivo investimento o occorre il tempo e provare.
è molto difficile indovinare immediatamente il prodotto giusto, sopratutto se il nostro settore di vendita è molto ampio, perciò, prima di acquistare, occorre svolgere la giusta ricerca di

mercato e se è possibile, investire in piccolo, se avrete guadagnato su quell'investimento potrebbe divenirne una piccola vittoria, se il vostro oggetto rimarrà nel vostro magazzino diventerà una piccola sconfitta, ma non bisogna farne un dramma, come ti ho detto poco fa, trovare la giusta nicchia è difficile e a volte occorrono mesi prima che la si trovi.

Sponsorizzazione

Ho passato diverso tempo su ebay e dopo anni di ebook e libri letti da chi ha fatto strada sfruttando il portale, posso confermare che il buon quantitativo di vendita dipende anche dalla giusta sponsorizzazione.
Anche se il sito raggiunge milioni di utenti disposti a comperare ogni giorno, ricordati che gli stessi potrebbero acquistare altrove ed evitare cosi il tuo negozio su ebay.
Devi sapere che se un acquirente fa una breve ricerca su ebay digitando sulla barra di navigazione il nome dell' oggetto che sta cercando, prima che compaia il tuo, ci saranno altri migliaia di oggetti.
Anche se intitoliamo il nostro oggetto con nomi molto ricercati, di sicuro ci saranno altri venditori che superano la nostra popolarità.
Per evitare che ciò avvenga, dovremo recarci al di fuori di ebay sfruttando tutti gli altri mezzi che , internet mette a disposizione e per fortuna molti di essi sono *potenti e gratuiti*.

Youtube

Abbiamo già parlato in un precedente paragrafo di youtube il sito di condivisione video più popolato sul web.
Torno a ricordarti del sito perché voglio che ti sponsorizzi attraverso di esso; per farlo, ti occorre escogitare il modo

giusto, ad esempio se vendi hard disk, puoi fare un video sul tuo prodotto e caricarlo a sua volta sul sito, questo aiuterà la tua attività a far incrementare le visite.

Facebook

Ti ho spiegato in maniera scrupolosa come puoi sfruttare questo social network, puoi creare una pagina, un tuo gruppo e via dicendo, oggi molte persone sono iscritte su facebook, fai conoscere la tua attività sfruttandolo al 100%

guide su ebay

Ebay concede ad scrivere guide al suo interno in una precisa locazione del sito.
Se scrivi guide il tuo store verrà automaticamente sponsorizzata dalla stessa, io ricordo di aver scrittto una piccola guida non molto tempo fa e ha già raggiunto 300 visite, vale a dire che ho acquisito 300 potenziali compratori.
Puoi scrivere guide al seguente indirizzo:

http://pages.ebay.it/learn_more.html

CAPITOLO 6

Come descrivere in maniera ottimale i nostri oggetti su ebay

Dall'età di diciotto anni fin'ora non mi sono mai fermato nel campo della vendita on line.
Ho svolto si diversi lavori alcuni manuali ed altri no, ma mentre stavo svolgendo la mia professione principale, avevo sempre un occhio di riguardo per la vendita on line.
Per eseguire una vendita telematica con successo, occorre molta pratica ed io posso dire, che con la mia esperienza sul web, di giorno in giorno sto imparando sempre più e sto iniziando a non commettere più i soliti errori che un paio di anni fa, non mi fecerò concludere gran che.

Ho imparato a vendere di persona e molte volte sono riuscito nell'intento, ma le volte in cui sono rimasto orgoglioso di me stesso è stato quando concludevo le vendite per telefono, ero cosi sicuro di me e dei miei prodotti che molti dei quali sono stati venduti a persone che non conoscevo neppure, ammetto che non è facile vendere qualcosa per telefono, occorre pratica ,esercizio, coraggio e tanta forza di volontà, ma con il tempo questa "dote" si acquisisce.
Quando ho iniziato a vendere console per telefono avevo poco più di 18 anni, le conoscevo a perfezione e sapevo consigliare al cliente quale di queste facesse di più al caso suo, oltretutto, tenevo il cliente al sicuro in base alle proprie scelte, consigliavo quali giochi acquistare e dove (nel caso io non ne possedevo), come effettuare opere di manutenzione alla propria console e se il mio potenziale compratore non era nelle vicinanze, consigliavo sempre una spedizione sicura, affidabile e tracciabile, in modo che poteva ricevere la sua merce direttamente a casa sua senza che doveva muoversi.

Vendere console per telefono non è mai stato facile (scusami per la ripetizione), una volta che il tuo annuncio girava sul web, tutte le persone potevano contattarti in qualsiasi momento della giornata e non importa che cosa stavi facendo, se volevi concludere una vendita, dovevi fornire tutte le informazioni in quella chiamata, quella telefonata che durava dai cinque fino ai venticinque minuti, dovevi essere pienamente sicuro di te, conquistare la fiducia del cliente, ricordare tutte le caratteristiche della tua merce e cercare di farti pagare il prima possibile, tutto questo, in un arco di tempo molto limitato.

Grazie alle vendite concluse per telefono o per email ho imparato a descrivere i miei oggetti in modo che essi rispondano a pieno e autonomamente alle domande del cliente senza aver più bisogno che mi contatti di persona.

Su ebay quasi tutte le vendite si concludono automaticamente, un acquirente legge la nostra descrizione del nostro oggetto in vendita, si convince che potrebbe essere un buon acquisto, clicca sul pulsante "compralo subito" e il gioco è fatto.

Ma per arrivare ad un processo cosi efficace, occorre studiare il modo in cui programmare il tutto, partendo dall'inserimento del nostro oggetto, fino all'invio delle email dopo l'acquisto; per creare un buon programma sotto questo punto di vista o impiegato mesi di lavoro, ma oggi posso consigliarteli su questo libro in modo da poterlo sfruttare a tuo piacimento per migliorare le tue vendite.

Per concludere una vendita tramite ebay, la descrizione dell'oggetto deve convincere il visitatore a far si che acquisti senza pregiudizi.
Per fare tutto ciò occorre una descrizione ottimale e per renderla tale, occorrono una serie di passaggi che non devi tralasciare per far si che il tuo oggetto in vendita venga venduto in minor tempo possibile.
Dopodiché occorre sapere quali email inviare per far svolgere la transazione in modo gradevole e senza problemi; ma partiamo dall'inizio, in seguito ho descritto alcuni punti per affrontare una buona vendita telematica, segui tutti i punti e non tralasciarne alcuno, ne vale le tue vendite.

Titolo del nostro oggetto in vendita

Ti consiglio vivamente di intitolare il tuo oggetto con parole ricercate sui motori di ricerca, in questo modo otterrai più visibilità e di conseguenza avrai più probabilità che il tuo oggetto venga venduto.
Per vedere la "popolarità" di una parola, puoi utilizzare lo strumento gratuito di google.

Condizione del nostro oggetto

Per quanto riguarda il campo della descrizione, ti consiglio di essere più veritiero possibile;
ti faccio un esempio,se hai trovato una reliquia, non descrivere il tuo oggetto come "pari al nuovo" potresti incombere in una discussione con il compratore; se le condizioni non sono delle migliori, spiega sempre il perché, non so, puoi dire che ha

molti anni, che le condizioni atmosferiche in cui si trovava non erano favorevoli e via dicendo, ma non dire falsità, è estremamente controproducente.

Descrizione del nostro oggetto

Se un giorno deciderai di aprire un negozio su ebay oppure gestire un sito di e-commerce dovrai necessariamente descrivere i tuoi oggetti,nella maniera più dettagliata possibile.

Una descrizione completa ed efficace nella vendita comprende diverse cause, nelle quali, non solo l'oggetto deve essere descritto in una forma ottimale, ma anche tutto ciò che circonda la vendita stessa.
Condizioni, caratteristiche, metodi di spedizione,prezzi sono tutte accortezze che bisogna spiegare in maniera professionale al nostro cliente.
È obbligatorio in ogni vendita on line inserire nella nostra pagina una foto che ritrae in maniera ottimale il nostro oggetto, ecco perché ti ho consigliato precedentemente di acquistare una buona macchina fotografica ; le foto sono la base di una buona descrizione è un fattore cruciale che scaturisce la vendita.
Più foto inseriremo, più avremo tolto dubbi all'acquirente nel procedere con l'acquisto, ecco perché anche all'interno della descrizione, sarebbe ottimo inserire molte foto che riprendano a pieno il nostro articolo in vendita.
Nel scrivere il nosto oggetto in vendita dovremo essere più precisi possibili, in questo modo si eviterà di ricevere email da persone che hanno domande riguardo alle sue condizioni estetiche.
Ma la foto e descrizione dell'oggetto in se non è l'unico passo da compiere , infatti come dicevo prima, bisogna dare una completa spiegazione di tutto ciò che riguarda la transazione

tra noi e il cliente.

Una volta che, la descrizione fisica è stata completata in maniera ottimale, bisogna spiegare in dettaglio le altre opzioni che offriamo per una corretta vendita, un optional che non possiamo assolutamente trascurare sono i metodi di spedizione.
I metodi di spedizione sono un componente essenziale per una corretta vendita, oggi, non tutti gli acquirenti pretendono un metodo fisso per la spedizione, molti hanno preferenze diverse e quindi consiglio ad ogni buon venditore di offrire più metodi di spedizione possibili, anche per un unico oggetto in vendita.
Descrivere i relativi costi è anche molto importante,un utente deve sapere quanto gli costa un oggetto e il prezzo della sua spedizione.
Ricordati inoltre che sul web è possibile incombere con utenti esterni al proprio paese, quindi, spiega nella tua inserzione anche le modalità di spedizione estere.

Ulteriori informazioni per la descrizione.

Durante tutto il periodo di navigazione che ho svolto in questi anni, ho avuto modo di vedere e studiare diverse migliaia di inserzioni in cui, i venditori si sono ingeniati per rendere le loro inserzioni più soddisfacenti sotto molti punti di vista.
Molti venditori (io incluso) farciscono le proprie inserzioni con tante foto, su ebay, ho notato che nell'ambito della descrizione di un oggetto, vicino alle sue caratteristiche, inseriscono molte foto e per farlo utilizzano un *linguaggio html*;

Per chi non è a conoscenza di come convertire una foto in linguaggio html, ci sono diversi programmi o addirittura siti internet che svolgono il lavoro al posto nostro, un buon sito per svolgere questo lavoro è *tynipic.com* completamente gratuito e in grado di trasformare una nostra foto in html in pochi passi e in pochissimo tempo.

Un altro gesto che a mio parere è molto scaltro, è l'inserimento di recensioni positive all'interno delle descrizione dell'oggetto ; ad esempio su ebay, dopo ogni vendita conclusa, si possono lasciare feedback in una tabella virtuale, che il sito stesso mette a disposizione per tutti gli utenti registrati.
Una volta che si ha raggiunto un buon quantitativo di feedback possiamo raccoglierli con un programma di cattura foto tipo *pic pick* e inserirli all'interno della nostra descrizione.

Da diverso tempo, ho inserito nelle mie inserzioni i miei feedback in modo da dare un ulteriore garanzia ai miei clienti, ecco una foto che li ritrae.

Venditore perfetto!!!! lode !		Acquirente:
tom clancy's plinter cell trilogy (#290864168107)		EUR 7,00
ottimo venditore !!!!! consigliatissimo!!!		Acquirente:
the suffering (#290958158953)		EUR 9,90
Ok ,consigliatissimi!!!!!!!		Acquirente:
ps1 rayman OCCASIONE !!! (#290970287242)		EUR 7,00
ottimo venditore tutto perfetto		Acquirente:
final fantasy 12 (#290955422711)		EUR 9,90
Tutto come da descrizione, spedizione rapida. Ottimo venditore! +++++		Acquirente:
giochi ps2 10 giochi nuovi ad 1,00 euro (#291054861426)		EUR 5,50
Tutto a posto		Acquirente:
grand theft auto vice city (#290958153667)		EUR 4,00
ottimo venditore		Acquirente:
joystick ps2 originale sony perfetto nero (#291041330554)		EUR 13,30
spedzione veloce! ottimo venditore.		Acquirente:
assassin's creed (#290875325610)		EUR 4,00

È di sicuro una foto che trasmette fiducia e quindi perché non inserirla nel nostro catalogo di vendita?
Un altro fattore molto "incisivo" nel campo della vendita è il *soddisfatti o rimborsati,* a noi non costa nulla, perché siamo sicuri che il nostro oggetto è "ottimo", quindi non abbiamo timore di rimborsarlo e siccome questo raramente succederà, possiamo decidere di offrire anche questo ulteriore optinional ai nostri clienti .
Per il cliente, il *soddisfatto o rimborsato* è un trampolino di lancio per l'acquisto, molti venditori hanno inserito loghi con su queste scritte e hanno ricevuto ottimi risultati (me compreso).

Ok arrivati a questo punto, posso dire che ho spiegato tutto quello che so sulla vendita di beni fisici on line, ora nel capitolo successivo voglio dirti qualcosa in merito alle rendite a lungo termine .

CAPITOLO 7

rendite a lungo termine sul web

Arrivati a questo punto del libro, hai notato come le persone sfruttano il web per crearsi dei lavori e guadagnare un pò di denaro, che sia una vendita di un bene fisico o virtuale, non fa alcuna differenza, l'importante è riuscire nell'intento, cioè quello di guadagnare.
La vendita però crea di conseguenza una rendita e quest'ultima può essere differente sotto diversi aspetti, tutte le vendite comportano ad una rendita e questa rendita può essere *lineare o residuale*.
Una rendita lineare per ottenerla correttamente occorre lavorare per far si che si riceva denaro una sola volta; molte persone utilizzano questo metodo per ottenere profitti, mentre altre persone, si occupano di rendite *residuali* per acquisire denaro; le differenze tra le due rendite sono che la prima, necessità lavoro costante per ottenere guadagni costanti, la seconda necessita lavoro non costante per ottenere guadagni costanti.

Per imparare a utilizzare questa tecnica ho dovuto studiare molto, a volte sulla mia pelle, altre volte leggendo libri tecnici o autobiografie di grandi imprenditori.
Perché ho letto questo genere di libri?
Semplice, perché i più grandi imprenditori lavorano inizialmente per ottenere rendite residuali ovvero rendite costanti nel tempo, mentre i lavorartori autonomi oppure i dipendenti si occupano di accumulare denaro in cambio *del loro lavoro costante*.
Il tutto è molto semplice, se un giorno deciderai di scrivere un libro, dovrai scegliere un editore oppure pubblicare il tutto autonomamente, quando lo avrai fatto, il tuo libro rimarrà in vendita e continuerà a vendere e tu guadagnerai continuamente,

anche se venderai poche copie al mese, saranno sempre dei soldi che avrai acquisito in lungo termine, lavorando per un periodo breve della tua vita.

Se invece deciderai di lavorare per soldi tramite il tuo lavoro come dipendente (qualsiasi esso sia) dovrà essere continuativo se deciderai di guadagnare sempre.

Con questa piccola, ma significante lezione voglio farti apprendere il modo in cui il web può farti lavorare e guadagnare in modo che le tue rendite siano *residuali e non lineari*.

Anche se l'impegno iniziale è molto forte (parlo per esperienza personale) avrai con il tempo delle soddisfazioni, il tuo lavoro non sarà più impegnativo come lo era inizialmente e si potrà godere di innumerevoli vantaggi.

Il primo vantaggio che posso descriverti è nato dopo l'impegno del mio negozio su ebay

"power free games"

Quando ho aperto questo negozio inizialmente le tasse superavano i miei profitti, a volte mi arrabbiavo perché le vendite scarseggiavano e non accumulavo abbastanza denaro, poi con tanta pratica e voglia di fare, ho capito il mercato, ho imparato a vendere, quando vendere e sopratutto che cosa vendere.

Con il tempo e con tanti sbagli, (davvero tanti) ho capito l'andamento di mercato, come si muove e di quali prodotti necessità, cosi, ho scoperto i miei prodotti base per la vendita e ora li vendo di continuo, quindi, quando vendo un oggetto all'interno del mio negozio su ebay, basta cliccare su *rimetti in vendita* per essere ridistribuito immediatamente, senza contare, che è possibile inserire su ebay le quantità dei nostri oggetti, quindi, anche se vendiamo un oggetto ma abbiamo inserito come quantità dieci, l'inserzione rimarrà sul sito fino a quando gli altri nove oggetti non verranno venduti.

Molti imprenditori su ebay forniscono al sito stesso le loro enormi quantità; creano l'inserzione per l'oggetto che possiedono e ne forniscono il numero, in molti casi con due zeri davanti, in questo modo non si devono neppure scomodare per la rimessa in vendita dello stesso.

Questa può definirsi una rendita residuale?
In parte può essere definita come rendita residuale, il motivo è che l'inserzione contenete 10 oggetti o più una volta che ne verranno venduti da 1 fino a 9 l'inserzione rimarrà lì e salirà di posto nel motore di ricerca, oltre a questo vantaggio, c'è qualcos'altro che devi sapere.

Grazie a dei servizi di corriere on line, non c'è più il bisogno di recarsi da essi oppure alle poste, basta inviare un email al corriere e lui ci raggiungerà nella nostra azienda o anche presso il nostro domicilio per ritirare il pacco e spedirlo; questa operazione si può svolgere completamente davanti al proprio pc.

Fifa 14 - PS3 - NUOVO E ITALIANO

Condizioni dell'oggetto: Nuovo

Quantità: 1   Più di 10 disponibili / 824 venduti

Prezzo: **EUR 32,49**   Compralo Subito

297 utenti che lo osservano   Aggiungi a Oggetti che osservi

Spedizione: GRATIS Standard | Vedi i dettagli
Luogo in cui si trova l'oggetto: catania, CT, Italia
Spedizione verso: Italia

Consegna: Consegna stimata tra mar. 1 apr. e mer. 2 apr.

Pagamenti: *PayPal* | Vedi le informazioni per il pagamento

Copertura: Paga con PayPal: protezione integrale. Condizioni

Restituzione: 14 giorni per il rimborso, acquirente | Vedi i dettagli

Rendite da prodotti informativi e-book

Anche se in Italia questo fenomeno è ancora in fase di crescita, non si può escludere da questo libro il fattore della vendita di infoprodotti.
Per chiarire che cosa sia un infoprodotto devi sapere che di solito un e-book pdf, oppure epub
in alcuni casi si possono trovare informazioni in formato word ma succede di rado.
Per prodotti informativi si può anche intendere audio book oppure software.
Si possono acquistare on line e tutti ad eccezzione dei software sono puramente informativi, si possono trovare on line su siti internet sia aziendali che non; si possono acquistare e ricevere immediatamente sul proprio pc o dispositivo di visualizzazione dopo il pagamento.

Fin'ora, grazie alla mia enorme voglia di girovagare per il web, ho avuto l'opportunità di leggere di tutto partendo da ebook al costo di 1,00 euro, fino a ebook da 250 pagine al costo di 7,00 euro o molto più.

Chi pubblica questi ebook e perché?
Sul web si può trovare di tutto, non basta una vita per specializzarsi su tutte le tematiche che spopolano su internet, ma una vita potrebbe bastare per specializzarsi su una sola tematica.
Di persone che hanno pubblicato un ebook ne sono molte e le cause che li ha spinti verso la loro pubblicazione sono differenti.
Ci sono persone che si sono specializzate in diversi contesti e hanno fatto della loro esperienza un ebook, molti imprenditori che hanno avuto successo nella loro impresa, hanno scritto ebook (e anche libri) cimentandosi e consigliando ad altre

persone come percorrere la strada verso l'imprenditorialità ,oppure, se entriamo in un discorso tecnico, molti professionisti ad esempio giardinieri hanno scritto "come coltavare al meglio il proprio bonsai"; dopo l'avvento dei blog molti blogger hanno scritto ebook in base alle loro tematiche e cosi via.

Un giorno, trovandomi a fare la solita navigazione on line su ebay trovai un ebook molto interessante e non appena lessi il titolo lo comprai senza esitare.
La descrizione che citava l'ebook risaltava il fatto di come molti imprenditori (l'autore incluso) avesserò creato grazie al portale ebay il loro lavoro.
Avevo letto tutta la descrizione e rimasto soddisfatto di ciò che diceva decisi di acquistare l'ebook.
Comprando l'ebook, lo ricevetti per posta elettronica in maniera istantanea, senza aspettare, lo aprii e lo lessi tutto in un fiato.
L'autore si descrisse al primo capitolo, dicendo chi era e che cosa avesse fatto per fare di ebay la sua prima attività, in tutto l'ebook, consigliava i vari procedimenti per migliorare il business e non incombere in errori frequenti, consigliava altri testi che a lui stesso avevano aiutato per imparare, aveva descritto i suoi affari, come li aveva affrontati e come tu, aspirante ebayer ,potevi affrontarli in maniera sicura e proficua. Consigliava i siti che potevano tornare utili e quelli che non servivano, il tutto, era sponsorizzato dal suo sito internet in ogni link ad ogni pagina del libro elettronico (questa è una tecnica di sponsorizzazione).
Fu un piccolo ebook di appena 30 pagine, ma nonostante tutto, molto chiaro,scorrevole e davvero utile.
Grazie a quelle poche ma utilissime informazioni, capii molte cose, davanti a me comparve un nuovo mondo, un mondo di opportunità che si chiama internet.
La stragrande maggioranza delle persone si connette on line

(me incluso) per scaricare la loro musica preferita, chattare con i propri amici, recuperare informazioni degl'altri tramite i social network, molti aaddirittura per trovare la propria anima gemella, ma sono davvero in pochi coloro che sfruttano internet per condividere le loro passioni e i loro lavori, e questo è un fattore grave visto e considerato che internet offre di continuo opportunità a chiunque.

Tante persone non colgono l'opportunità che il web offre loro, mia madre ne è un esempio.
Giudico mia madre come un ottima lettrice, ha letto davvero tanti libri dei più svariati generi e secondo me, ha tutte le capacità di scrivere un romanzo o persino un giallo, ma tutti i tentativi di convincerla sono stati vani, non se la sente di scrivere e non vuole assolutamente condividere qualcosa con il resto del mondo, come se i suoi "ostacoli" motivazionali non bastasserò, si aggiunge anche il fatto che non sa utilizzare il pc.

Mia madre è un classico esempio di persona che vale realmente, ma ha paura ad offrire qualcosa utile per gl' altri, ci sono persone sul web che hanno letto la metà dei romanzi che lei ha letto, eppure hanno già pubblicato le loro opere e adesso godono di buone rendite.
Quello che voglio farti capire con la storia di mia madre, è che molte persone si preoccupano di condividere e spesso la causa è il giudizio, non incombere in questo errore, se hai qualcosa che può tornare utile ad altre persone, pubblicalo e non ascoltare il giudizio (negativo o limitante) di nessuno, perderesti davvero un ottima opportunità.

Articolista sul web

Il web per molti è visto come una risorsa d'informazione gratuita, ogni utente che accede a internet sa con certezza che può trovare informazioni inerenti a qualsiasi cosa.
Molte informazioni le possiamo trovare non comperando un ebook non acquistando un libro, ma su di un semplice articolo e la maggior parte delle volte in un sito web o blog informativo completamente gratuito.
Questo metodo che andrò a descriverti, ormai sta spopolando sul web ed è di importanza cruciale, per quanto riguarda il guadagno on line.
Sempre più persone, (scusami per la ripetizione) cercano informazioni o curiosità sul web e spesso sono disposte a pagare per ottenere cio che vogliono, in alcuni casi anche non rendendosene conto.
Sono nati da poco tempo, ma comunque molto operativi, siti dal nome di **paid to write**, sono dei portali che permettono ad ogni utente che ci si iscrive, di scrivere su di esso e condividere le loro informazioni in cambio di ciò vengono pagati.
Ormai è possibile davvero di tutto, possiamo svegliarci una mattina e scrivere un articolo senza possedere alcun titolo di studio, possiamo scrivere per siti internet famosi nel campo dell'informazione e spesso e volentieri senza neanche possedere alcun requisito scolastico.

Ora voglio descrivere in maniera più approfondita questo metodo di guadagno on line, successivamente, elencherò tutti i passi per far divenire tutto questo in un buon metodo di guadagno.

Per prima cosa serve individuare il giusto sito di paid to write,
Scegli accuratamente il tuo sito dove andrai a scrivere e non avere fretta per questa decisione, leggi attentamente i requisiti sugli articoli che andrai a scrivere (tutti i siti di questo genere

ne possiedono), le tematiche che riguardano il sito (di solito sono sempre genereci ma è meglio verificare) e le modalità di pagamento.

I metodi di pagamento variano da sito a sito
Esistono siti paid to write, che pagano immediatamente su articolo pubblicato, altri ancora non pagano, ma offrono la possibilità di inserire il proprio codice adsense (Programma di sponsorizzazione di google) e ricevere commissioni sulle sue visite.
Altri siti ancora pagano dopo un totale di articoli, riceverai delle commissioni solamente dopo aver pubblicato divesi articoli su di esso.
Alcuni siti paid to write invece pagano mensilmente o addirittura annualmente.
Fai attenzione a la scelta che intendi prendere; prima di registrarti su un sito di questo genere, puoi fare brevi indagini e magari leggere commenti di altri utenti, scoprire che cosa ne pensano e visualizzare tutti i commenti sia negativi che positivi.

Approfondire al meglio gli argomenti prima di scrivere

Se vuoi iniziare a scrivere qualcosa, ricordati di approfondirli al meglio prima d'iniziare a scrivere, devi sembrare un professionista in quel determinato campo, perché tutte le persone, se hanno un problema si affidano ad un professionista per trovare la soluzione e *non al primo che capita.*
Cerca di non essere superficiale su nessun passaggio, ho potuto constatare che questo fattore è deleterio per il lettore, perché se non riesce ad apprendere quello che hai da insegnare, troverà un altro articolo abbandonato senza ripensamenti il tuo.
Ho potuto vedere attraverso uno dei miei blog (tuttosuweb.blogspot.it) che gli articoli più letti sono i stessi

articoli che entrano nel dettaglio e non tralasciano aluna nozione.
Il punto chiave sta nell'essere più minuzioso possibile, in questo modo più lettori troveranno utile il tuo articolo e si riferiranno a te nel caso dovessero avere problemi.

Ma il paid to write, conviene ?

In diversi casi ho avuto l'occasione di scrivere articoli sul web, ricordo un giorno dopo aver scritto un articolo, l'amministratore del sito contattandomi tramite email mi disse che lo pubblicarono non appena potevano, avevo appena diciotto anni quando scrissi il primo articolo e non stavo più nella pelle per l'attesa.
Dopo un mese, il mio articolo fu finalmente pubblicato e le commissioni per tale pubblicazione furono all'incirca di 2,00 euro.
La ricompensa per quel poco lavoro fu modesta, ma non credevo che fu una buona fonte di guadagnano e cosi mi ritirai dal lavoro di articolista e mi dedicai ad altro.
Poco tempo fa, durante la scrittura di questo capitolo mi venne in mente che fine avesse fatto il mio articolo recentemente pubblicato e cosi, mi recai sul sito per vedere se ancora era lì dove lo avevo lasciato.
Entrando nel sito (il quale ricordavo il nome) la pagina mutò in tutt'altra grafica e perfino il nome sulla barra url cambiò, il sito in cui avevo pubblicato il mio articolo era cambiato in molti lati positivi, erano iscritti molti più utenti, gli articoli si erano moltiplicati, e la struttura del sito si notava che era più funzionale e pratica.
Entrando nella mia area personale (che fortunatamente funzionava ancora) rimasi allibito vedendo che il mio articolo fu visionato da migliaia di utenti differenti e il risultato era in continua crescita, ma non solo, una copia dello stesso fu

pubblicata su un sito di motori di fama nazionale(il mio articolo spiegava come risparmiare sul carburante).
Rimasi senza parole, anche se mi avevano dato poco per la pubblicazione di un articolo, esso si è ritenuto di un utilità unica e raggiunse tanta popolarità .

Si può guadagnare con il paid to write?

A mio parere se vuoi iniziare a guadagnare sul serio servendoti del paid to write, dovrai rimboccarti le maniche e iniziare a scrivere a più non posso articoli su articoli.
Devi anche calcolare che non tutti i tuoi scritti verranno pubblicati, che devi scegliere una tematica e approfondirla il più possibile e il tempo che dedicherai a tutto ciò, non è indifferente.
Ma ricordati anche che se sceglierai un buon sito di pubblicazione, i tuoi articoli potrebbero finire su qualche rivista, perfino di fama nazionale.
Il tuo impegno potrebbe essere ben retribuito se impiegherai in questo lavoro passione , perseveranza e determinazione.
Bisogna anche ricordarsi che in alcuni siti dove è possibile pubblicare articoli, assieme al nostro scritto è fattibile inserire il nostro indirizzo del proprio sito web, questo fattore è di un utilità non indifferente per la nostra pubblicità.

conclusione

Eccoci arrivati al termine del libro, sperò che stai per pensare al tuo nuovo piano di lavoro e che già da adesso tu abbia la voglia di metterti in pratica e far capire al mondo i tuoi valori.
Ti auguro che mentre ti starai dirigendo verso i tuoi obiettivi tu possa godere di una gioia infinita, sperò che il tuo lavoro sia piacevole e che ti renda molte soddisfazioni.
Ti auguro un buon lavoro.

www.ingramcontent.com/pod-product-compliance
Lightning Source LLC
Chambersburg PA
CBHW072230170526
45158CB00002BA/838